Simon G. Fauser

Eleonore Lenhard

Markenkommunikation 2.0

Die Vermittlung emotionaler Marken-Erlebnisse im Web 2.0

Simon G. Fauser
Eleonore Lenhard

MARKENKOMMUNIKATION 2.0

Die Vermittlung
emotionaler Marken-Erlebnisse im Web 2.0

ibidem-Verlag
Stuttgart

Bibliografische Information der Deutschen Nationalbibliothek
Die Deutsche Nationalbibliothek verzeichnet diese Publikation in der Deutschen Nationalbibliografie; detaillierte bibliografische Daten sind im Internet über http://dnb.d-nb.de abrufbar.

Bibliographic information published by the Deutsche Nationalbibliothek
Die Deutsche Nationalbibliothek lists this publication in the Deutsche Nationalbibliografie; detailed bibliographic data are available in the Internet at http://dnb.d-nb.de.

∞

Gedruckt auf alterungsbeständigem, säurefreien Papier
Printed on acid-free paper

ISBN-13: 978-3-8382-0971-5

© *ibidem*-Verlag
Stuttgart 2016

Printed in the EU

Inhaltsverzeichnis

Abbildungsverzeichnis

Tabellenverzeichnis

1   Einführung

In den letzten beiden Jahrzehnten haben die Themen Marken und Markenführung in Unternehmen deutlich an Bedeutung gewonnen. Alleine im
Jahr 2013 wurden in Deutschland 70.678 Markenneuanmeldungen regis-
triert (*DPMA* 2015). Die Relevanz von Marken zeigt sich vor allem am
Markt für kurzlebige Konsumgüter. Typisch hierfür sind Nahrungsmittel,
Körperpflegeprodukte oder Reinigungsmittel. Sogenannte Verbrauchsgü-
ter zeichnen sich durch kurze Produktlebenszyklen und eine hohe Aus-
tauschbarkeit auf einem hart umkämpften Markt aus (*Bruhn* 2012, S. 33).
Für den Erfolg der Markenführung in einem Unternehmen ist u. a. die
Markenkommunikation von wesentlicher Bedeutung. Viele wertvolle
Marken, wie z. B. Coca-Cola, Marlboro oder NIVEA, setzen seit jeher auf
eine unterstützende und wirksame Kommunikation der Marke (*Munzin-
ger/Musiol* 2008, S. 14). Eine der größten Herausforderungen, der sich die
Markenkommunikation heute stellen muss, ist der wachsende Einfluss der
Nachfrager (Konsumenten). Die Nachfrager entscheiden heute selbst, mit
welchen Marken sie sich beschäftigen und welche Botschaften sie aufneh-
men wollen. Während die traditionelle Einweg-Kommunikation und die
klassische Werbung nach und nach an Bedeutung verlieren, zeigt sich im
Internet das Leitmedium der Zukunft (*Hartmann* 2011, S. 34).
Vor allem die Entwicklung von Web 2.0 und die Etablierung von Social
Media bieten eine noch nie da gewesene Möglichkeit der Interaktion. Im
Web 2.0 wird der Nachfrager selbst zum Markenbotschafter und entzieht
der Markenführung mehr oder minder die Kontrollfunktion. Umso wichtiger ist es für Unternehmen die Reichweite von Web 2.0 in ihrem Sinne
zu nutzen (*Hartmann* 2011, S. 34). Denn Markenwissen vermitteln, die
Bekanntheit steigern, ein positives Image aufbauen und Kunden binden,
ist heute nicht mehr nur offline, sondern auch durch Online-Kommunikation möglich (*Schweiger/Schrattenecker* 2014, S. 56).
Durch die Multimedialität und Interaktivität des Internets ergeben sich für
die Markenkommunikation neue Möglichkeiten zur Vermittlung eines kla-
ren und vor allem lebendigen Markenbildes (*Esch et al.* 2005, S. 675). Für

Konsumenten sind heute oft nicht mehr funktionale Eigenschaften entscheidend, sondern vielmehr die mit einer Marke verknüpften Gefühlswelten. Eine erfolgreiche Kommunikationsmaßnahme hinterlässt Spuren bei den Konsumenten. Idealerweise werden Reize ausgelöst, die die Aufmerksamkeit der Konsumenten aktivieren, Vorstellungen hervorrufen und Emotionen erleben lassen (*Bruhn/Köhler* 2010, S. 146). Vor allem zu starken Marken besitzen Konsumenten „starke Gedächtnisstrukturen". Die mit einer Marke verbundenen Emotionen haben Auswirkungen auf das Markenimage, die Markeneinstellung, Markenbindung, das Markenvertrauen und somit letztlich auch auf die Kaufentscheidung (*Möll* 2007, S. 3 ff.).

Das Thema Emotionen und ihr Einfluss auf das menschliche Verhalten beschäftigt Forscher schon seit langer Zeit. Bereits 1939 stellte Hans Domizlaff fest, dass für die Entwicklung einer starken Marke nicht „der Fabrikant [...] sondern die Psyche der Kunden" (*Domizlaff* 2005, S. 63) ausschlaggebend ist. Er fügte außerdem hinzu, dass „das Ziel der Markentechnik [...] die Sicherung einer Monopolstellung in der Psyche der Verbraucher" (*Domizlaff* 2005, S. 68) ist. In der Hirnforschung spielten Emotionen zunächst keine große Rolle. Es wurde davon ausgegangen, dass das menschliche Großhirn Entscheidungen rational und völlig bewusst trifft, ganz im Sinne des Homo Oeconomicus[1]. Dieses rationalistische Denken ging u. a. zurück auf René Descartes, dessen berühmter Satz „Ich denke, also bin ich" auch heute noch Grundlage vieler Diskussionen ist (*Möll* 2007, S. 1).

Erst Anfang der 1990er Jahre entstand eine Gegenbewegung in der Hirnforschung, die zeigte, dass Emotionen einen wesentlichen Teil der Entscheidungsfindung übernehmen. Berühmte Vertreter dieser Erkenntnis sind u. a. Damasio und LeDoux. So konnte bspw. LeDoux in zahlreichen Experimenten nachweisen, dass emotionale Reaktionen stattfinden, ohne dass das Bewusstsein eingeschaltet wird (*Damasio* 1994; *LeDoux* 1994; *LeDoux* 1996). Aus Sicht der Neurowissenschaften heute ist es nicht mehr

---

[1] Der Homo oeconomicus gilt als modellhafter Idealtyp eines rein rational handelnden Wirtschaftsakteurs. Dieser verfügt über umfassende Marktinformationen, kann komplexe Entscheidungsprozesse problemlos verarbeiten, handelt stets eigeninteressiert und verfolgt das Ziel der persönlichen Nutzenmaximierung (*Bofinger* 2011, S. 80).

das Denken (Kognition), sondern überwiegend das Fühlen (Emotion), das das menschliche Verhalten lenkt (*Möll* 2007, S. 1 f.). Es konnte z. B. zahlreich belegt werden, dass starke Marken eine hohe emotionale „Aufladung" aufweisen (*Bruhn/Köhler* 2010, S. 139 ff.; *Möll* 2007, S. 224; *Scheier/Held* 2012a, S. 29 f.). Weiterer Forschungsbedarf besteht, wenn es bspw. um die Wechselwirkung von Emotionen bei bestimmten Werbebotschaften geht (*Möll* 2007, S. 224). Diese Forschungslücken mögen zum einen darauf zurückzuführen sein, dass Emotionen für Konsumenten oft nicht bewusst erlebbar sind. Zum anderen sind Emotionen nur schwer messbar, die Erwartungen an Studienergebnisse jedoch vergleichbar hoch (*Esch* 2007, S. V).

Auch das Leitmedium Internet stellt Wissenschaftler und Praktiker vor neue Perspektiven und Herausforderungen, indem es ein völlig neues Licht auf das Erleben von Marken wirft.

Das Kernuntersuchungsthema dieses Buches liegt darin aufzuzeigen, wie die Markenkommunikation im Web 2.0 gestaltet werden kann, um insbesondere emotionale Erlebnisse zu vermitteln. Des Weiteren werden Erkenntnisse darüber geliefert, inwieweit Online-Kommunikationsmaßnahmen feststellbare Veränderungen von Emotionen hervorrufen.

2 Markenkommunikation

2.1 Die Marke und ihre Funktion

Zum Thema Marke dürfte den meisten Personen eine Reihe an Assoziationen einfallen. So können Marken in Verbindung zu Produkten, Dienstleistungen, Personen oder Institutionen stehen. Jedoch den Begriff Marke zu erklären stellt sich als deutlich schwieriger heraus. Wirft man einen Blick in die Literatur, stößt man auf eine Fülle an unterschiedlichen Definitionen und Erklärungen zum Markenbegriff, was ein allgemeines Verständnis erschwert (*Adjouri* 2014, S. 11; *Avis* 2009, S. 1 f.). In einer Sache ist man sich jedoch einig: Marken können nicht nur auf funktionale Eigenschaften beschränkt werden. Viel entscheidender ist die Wirkung der Marke auf die Nachfrager. Aus wirkungsbezogener Sichtweise baut eine Marke idealerweise ein positives und unverwechselbares Image bei den Konsumenten auf. So werden in den Köpfen der Konsumenten zu jeder Marke individuelle Gefühle, Bilder, Vorstellungen oder andere Informationen gespeichert. Gerade auf gesättigten Märkten mit austauschbaren Produkten wird es für Unternehmen deswegen immer wichtiger diese Vorstellungsbilder, die Konsumenten mit der Marke verbinden, zu erkennen und immer wieder hervorzurufen. Zu beobachten ist, dass gerade bekannte und erfolgreiche Marken in der Psyche der Konsumenten sehr stark gefühlsmäßig verankert sind (*Esch/Wicke/Rempel* 2005, S. 11; *Wood* 2000, S. 664).

Marken haben für Konsumenten vor allem einen symbolischen Charakter. Sie lösen Wünsche und Vorstellungen aus, transportieren Qualität und bieten eine gewisse Orientierungsfunktion. Vor allem starke und erfolgreiche Marken helfen Konsumenten im „Dschungel" zahlreicher Produkte und Angebote den Überblick zu bewahren. Mit zunehmender Auseinandersetzung mit einer Marke und dem Aufbau von Vertrauen sinkt außerdem das empfundene Kaufrisiko. Darüber hinaus stellen Marken eine Nutzenfunktion dar, worunter der Grad der Befriedigung von Bedürfnissen verstanden wird, den ein Objekt erbringt. Aus sozialem Blickwinkel betrachtet können Marken auch Ausdruck von Gruppenzugehörigkeit oder Wertorientierung sein (*Bentele et al.* 2009, S. 10; *Burmann et al.* 2007, S. 10).

Für Unternehmen stellen Marken nicht nur aus ökonomischer Sicht Vermögenswerte dar. Sie ermöglichen ihnen, sich von der Konkurrenz zu differenzieren, Vertrauen zu Konsumenten aufzubauen und diese an die Marke zu binden (*Burmann et al.* 2005, S. 9). Letzteres spielt für die Markenführung eine bedeutende Rolle. Durch Kundenbindung und -treue können „viele andere Hebel" in Bewegung gesetzt werden. Bspw. sind nur zufriedene Kunden bereit Marken weiterzuempfehlen und nur durch das Vorhandensein zufriedener und treuer Kunden kann sich ein Preispremium am Markt durchsetzen. Hersteller erfolgreicher Marken sind eher in der Lage die Absatzsicherheit zu erhöhen, was wiederum zu Planungssicherheit und Wertsteigerung im Unternehmen führen kann (*Bentele et al.* 2009, S. 10; *Tropp* 2014, S. 325).

2.2 Die Markenkommunikation im Rahmen der identitätsbasierten Markenführung

Neben einer ganzen Reihe von Ansätzen hat vor allem der identitätsbasierte Ansatz der Markenführung in den letzten Jahren deutlich zum Verständnis von Marken beigetragen. Charakteristisch für den identitätsbasierten Ansatz ist, dass die Marke weder auf ein schutzfähiges Zeichen reduziert, noch als ein rein imageorientiertes Vorstellungsbild betrachtet wird (*Eilers* 2014, S. 19). Unter dem Begriff Marke, im Kontext der identitätsbasierten Markenführung, verstehen *Burmann/Meffert/Koers* (2005, S. 3) „[...]ein Nutzenbündel mit spezifischen Merkmalen, die dafür sorgen, dass sich dieses Nutzenbündel gegenüber anderen Nutzenbündeln, welche dieselben Basisbedürfnisse erfüllen, aus Sicht der relevanten Zielgruppen nachhaltig differenziert."

Der identitätsbasierte Ansatz geht über die einseitige Betrachtung der Wahrnehmung der Marke bei den Nachfragern hinaus (Markenimage) und bezieht die Sicht der internen Zielgruppe – d. h. die der Mitarbeiter – mit ein (Markenidentität). Die klassische Outside-in-Perspektive wird somit um die Inside-out-Perspektive ergänzt (s. *Abb. 1*) (*Burmann/Piehler* 2013, S. 233 ff.; *Burmann/Blinda/Nitschke* 2003, S. 3 f.).

Selbstbild der internen Zielgruppe	Fremdbild der externen Zielgruppe
Markenidentität (Führungskonzept)	**Markenimage** (Marktwirkungskonzept)
Markennutzenversprechen (Positionierung) / Marken-kommuni-kation	Markenerwartungen (symbolische und funktionale Nutzenassoziationen)
Markenverhalten / **Marke**	Markenerlebnis

Abb. 1: Die identitätsbasierte Markenführung (Quelle: Burmann/Meffert/Feddersen 2007 S. 11; Burmann/Halaszovich/Hemmann 2012, S. 103)

Die Markenidentität steht für das Selbstbild der inneren Zielgruppe und ist durch den Managementprozess der Markenführung gezielt steuerbar. Im Kern der Markenidentität steht die Formulierung eines Markennutzenversprechen, das alle markenspezifischen Merkmale verankert und von den Mitarbeitern gelebt wird. Hierunter versteht man auch die Positionierung der Marke. Das Markenverhalten der Mitarbeiter steht dem Marken-Erlebnis der Nachfrager gegenüber. Letzteres ergibt sich aus der Wahrnehmung aller Signale, die von den Nachfragern an den Markenkontaktpunkten wahrgenommen werden (*Burmann/Meffert/Feddersen* 2007, S. 11). Während die Markenidentität durch den Managementprozess im Unternehmen gestaltet werden kann, entwickelt sich das Fremdbild der Marke bei der externen Zielgruppe automatisch und zeitverzögert. Das sogenannte Markenimage kann demnach als ein Marktwirkungskonzept interpretiert werden. Das Markenimage setzt sich aus drei wesentlichen Komponenten zusammen (*Burmann/Meffert/Feddersen* 2007, S. 10; *Eilers* 2014 S. 23 f.):

- dem subjektiv wahrgenommenen Markenwissen der Nachfrager über die Elemente der Markenidentität,
- dem funktionalen Nutzen einer Marke (z.B. Produkteigenschaften, Preis-Leistungsverhältnis oder Vertrauensfunktion) und

- dem symbolischen Nutzen einer Marke, indem diese einen zu-
  sätzlichen emotionalen Nutzen stiftet (z.b. Vermittlung von Pres-
  tige, die Verknüpfung der Marke mit bestimmten Erinnerungen
  oder die Marke als Sinnbild individueller Werte).

Nach *Keller* (1993, S. 7 ff.) setzt sich das Markenimage als Summe aller
Markenassoziationen (Eigenschaften, Nutzen, Einstellung) zusammen.
Dabei wird die Qualität der Markenassoziationen durch Vorteilhaftigkeit,
Stärke und Einzigartigkeit bestimmt und ein überlegenes Markenimage
kommt nur zustande, wenn der Konsument in seinem Gedächtnis starke,
einzigartige und positive Markenassoziationen gespeichert hat.

Die Markenkommunikation kann als eine Art Bindeglied zwischen Markenidentität und Markenimage interpretiert werden. Sie vermittelt das
Nutzenversprechen an die relevante Zielgruppe und dient zugleich der
Umsetzung der Markenpositionierung. Primäres Ziel der Markenkommunikation ist es demnach ein der Markenidentität entsprechendes Markenimage in der Zielgruppe zu verankern. In ihrer Vermittlerfunktion kann
die Markenkommunikation unmittelbar dem operativen Managementprozess der identitätsbasierten Markenführung zugeordnet werden (*Bur-
mann/Meffert/Feddersen* 2007, S. 12; *Burmann/Piehler* 2013, S. 233 ff.;
Gruber 2008, S. 15). Wichtig für den Erfolg der Markenkommunikation
ist vor allen Dingen eine integrierte Kommunikation. Durch eine einheit-
liche und langfristige Ausgestaltung aller Kommunikationsmaßnahmen
soll bei den Konsumenten die Erinnerung an die Kommunikation erleich-
tert und die Markenpräferenz verstärkt werden. Dies erfolgt bspw. durch
Slogans, die mit einprägsamen Jingles hinterlegt sind (*Burmann/Piehler*
2013, S. 235 ff.; *Esch* 2010, S. 305).

3 Markenkommunikation und das World Wide Web

Neben dem Aufbau des Markenimages über klassische Kommunikations-wege hat in den letzten Jahren vor allem das Medium Internet eine verän-derte Sichtweise auf die Markenkommunikation mit sich gebracht. Das In-ternet zeichnet sich vor allem durch seine Multimedialität und Interaktivi-tät aus (*Bauer/Mäder/Fischer* 2003, S. 227). Denn war die Kommunika-tion vor einigen Jahren noch stark eindimensional geprägt, ermöglicht es das Internet heute jederzeit mit Menschen, Unternehmungen oder Institu-tionen in einen elektronischen Dialog zu treten. Derartige Kommunikati-onsaktivitäten, die über das Internet abgewickelt werden, werden als On-line-Kommunikation verstanden (*Meffert/Burmann/Kirchgeorg* 2008, S. 662). Viele Unternehmen haben in diesem Zusammenhang vor allem Social Media fest in ihr Kommunikationsportfolio integriert (*Haisch* 2011, S. 82 ff.; *Hartmann* 2011, S. 35).

3.1 Abgrenzung der Begriffe Web 2.0, Social Web und Social Media

Um sich näher mit dem Phänomen Social Media auseinandersetzen zu können, gilt es dieses zunächst von den – oft in Zusammenhang hiermit verwendeten – Begrifflichkeiten Social Web und Web 2.0 abzugrenzen. Zwischen den beiden Begriffen Web 2.0 und Social Web besteht in der Wissenschaft kein grundlegender Unterschied, weshalb diese vermehrt sy-nonym verwendet werden. Aus diesem Grund wird sich nachfolgend auf die Verwendung des Begriffs Web 2.0 beschränkt (*Wala* 2013, S. 25; *Zer-fass/Sandhu* 2008, S. 285).

Popularisiert wurde der Begriff Web 2.0 im Jahr 2004 von Tim O'Reilly, als dieser ihn erstmals auf einer Konferenz erwähnte, die sich mit der Ent-wicklung des Internets beschäftigte. Die Definition von O'Reilly fiel zu-nächst jedoch sehr unpräzise aus, was zu intensiven Diskussionen führte und sich auch heute noch in zahlreichen unterschiedlichen Begriffsverständnissen bemerkbar macht (*Eilers* 2014, S. 33). Im Jahr 2006 definierten O'Reilly und Musser das Web 2.0 als „a set of economic, social, and technology trends that collectively form the basis for the next generation of the Internet – a more mature, distinctive medium characterized by user participation, openness, and network effects." (*Musser/O'Reilly* 2006, S. 7)

Demnach definiert O'Reilly den Begriff Web 2.0 als eine Plattform, die über eine rein technologische Weiterentwicklung hinausgeht. Auch andere Autoren sehen im Begriff Web 2.0 nicht den Technologiefortschritt als prägenden Aspekt (*Fauser* 2010, S. 21; *Eilers* 2014, S. 33 f.; *Haas et al.* 2007, S. 215). So stellt bspw. Bender das veränderte Nutzerverhalten in den Mittelpunkt seiner Definition und nimmt gleichzeitig Bezug auf die Sicht der Markenführung: „Web 2.0 definiert sich nicht als technologische Innovation, es beschreibt vielmehr eine neue Verhaltensweise der Internetnutzer: Die bisherige eindimensionale Kommunikation im Internet hat sich aufgelöst, Nutzer generieren heute eigenständig Inhalte und treten in direkten Dialog mit ihrer Umwelt und den Unternehmen." (*Bender* 2011, S. 145)

Daraus folgend kann unter dem Begriff Web 2.0 die Weiterentwicklung von Web 1.0, als reines Informationsbeschaffungs-Web, hin zum interaktiven Web 2.0 verstanden werden, welches dem Austausch von Inhalten, Informationen und Meinungen dient.

Ableitend aus der Definition des Web 2.0 lässt sich auch der Begriff Social Media (Soziale Medien) erklären. Unter Social Media versteht man Online-Instrumente bzw. Anwendungen, die auf das veränderte interaktive Nutzerverhalten im Web 2.0 aufbauen. Social Media umfasst eine Reihe von Tools (Werkzeugen) und Plattformen für die digitale Kommunikation, Interaktion und Unterhaltung (*Eilers* 2014, S. 34; *Fauser* 2010, S. 22 f.; *Mangold/Faulds* 2009, S. 358).

3.2 Die Bedeutung von Social Media für die Markenkommunikation

„Brands are undeniably and fundamental social entities which are created by consumer as by the marketers in a dance of social construction." (*Muniz/O'Guinn* 2001, S. 428) Die Entstehung und Entwicklung von Marken ist laut Muniz und O'Guinn ein sozialer Prozess, an dem Konsumenten maßgeblich teilhaben. Ihr Einfluss auf die Markenkommunikation ist durch die sozialen Medien im Internet entsprechend von noch größerer Bedeutung geworden (*Gruber* 2008, S. 26).

Trotz zahlreicher Kritiker kann bei Social Media mittlerweile keine Rede mehr von einem Trend sein. Viele Unternehmen haben erkannt, dass Social Media zu einem wichtigen Instrument in der Markenkommunikation avanciert ist. Laut einer Studie des Deutschen Instituts für Marketing (*DIM* 2012, S. 2) gaben 68,9% von 900 befragten Unternehmen an, aktiv Social Media Marketing für ihre Unternehmenskommunikation zu nutzen. Welche Besonderheiten und Charakteristika für die Markenkommunikation in Social Media von Bedeutung sind, zeigt nachfolgende Auflistung:

- **User generated content (UGC):** Jeder Nutzer kann Inhalte konsumieren, produzieren und der Community (Gemeinschaft) seiner Wahl zur Verfügung stellen.

- **Brand-related user generated content**: Diese Art von UGC beschränkt sich auf markenbezogene Themen. Aufbauend auf dem Markenwissen bringt der Nutzer das individuelle Vorstellungsbild der Marke zum Ausdruck und handelt entsprechend des Markenimages.

- **Brand generated content (BGC):** Der Ersteller von BGC verfügt über Hintergrundwissen zu der Marke und kommuniziert jene Merkmale, die auf der Markenidentität basieren. Im Gegensatz zum brand-related UGC werden hier kommerzielle Ziele verfolgt.

- **Electronic Word-of-Mouth (eWOM):** Als eine Weiterentwicklung der Mund-zu-Mund Propaganda (Word-of-Mouth = WOM) basiert eWOM auf dem Grundgedanken der Übertragung persönlicher Meinung über das Internet. Mit WOM tritt ein sogenannter Multiplikatoreffekt auf.

- **Eingeschränkte Kontrollierbarkeit**, indem Kommunikationsinhalte zu jeder Zeit weitergetragen werden können.

- **Many-to-Many Kommunikation:** Weg vom klassischen Sender-Empfänger-Prinzip ist jeder mit jedem vernetzt und kann sich austauschen.

- **Netzwerkbildung:** Auf virtuellen Plattformen können sich Gruppen (Netzwerke) oder Communities bilden, die sich über bestimmte Themen austauschen und interagieren.

- **Interaktion:** Nutzer haben jederzeit die Möglichkeit sich an laufenden Kommunikationen zu beteiligen oder neue Themen zu eröffnen. Sie können auf den Inhalt anderer Nutzer zeitnah reagieren, diesen bewerten, kommentieren oder weiterleiten (viraler Effekt).

- **Anonymität:** Auf vielen Plattformen können durch selbst gewählte Namen vorhandene Identitäten verschleiert oder neue geschaffen werden (*Eilers* 2014, S. 43 ff.; *Schweiger/Schrattenecker* 2014, S. 42 f.).

3.3 Kommunikationsinstrumente

Bei „klassischen" Kommunikationsmaßnahmen, wie z. B. Anzeigen, TV-Spots oder Werbebriefen, geht die Initiative vom Sender aus und richtet sich an die Zielgruppe (Push-Kommunikation). Diese Art von Kommunikation erfolgt online u. a. in Form von E-Mail-Newslettern oder dem Platzieren von Bannern. Im Online-Marketing überwiegt jedoch die Pull-Kommunikation. Das heißt der Werbetreibende stellt Informationen bereit, sendet diese aber nicht auf direktem Weg zu der Zielgruppe, sondern der Nutzer ruft die Informationen eigenständig ab. Zu den Pull-Instrumenten zählen z. B. Aktivitäten auf Social Media Plattformen, die Präsenz in Suchmaschinen, Artikel in Blogs oder der eigene Webauftritt in Form einer Website (*Gobé* 2001, S. 220; *Schweiger/Schrattenecker* 2014, S. 14).

Basis des Online-
Auftritts/
Darstellung der
Kernleistung

Versand von E-
Mails/Newsletter
+ Leitung des
Nutzers auf die
eigene Website

Buchung von
Werbeplatz auf
Webseiten oder in
Social Media
+ Leitung des
Nutzers auf die
eigene Website

Kommunikation/
Austausch mit
Nutzern auf
Plattformen wie
z.B. Facebook

Platzierung von
Werbeanzeigen oder
Maßnahmen zur
Verbesserung der
Positionierung in den
Suchergebnissen
+ Leitung des Nutzers
auf die eigene
Website

Kooperation zwischen
Werbetreibendem und
Websitebetreiber durch z.B.
Schaltung von Banner
+ Leitung des Nutzers auf
die eigene Website

Website

Online-
Werbung

E-Mail

Online-
Marketing

Social Media

Such-
maschinen

Affiliate

Abb. 2: Instrumente von Online-Marketing (Quelle: Schweiger/Schrattenecker 2014, S. 15; Walsh/Deseniss/Kilian 2013, S. 524)

Wie *Abb. 2* zu entnehmen ist, werden verschiedene Maßnahmen dafür genutzt, um Internetnutzer früher oder später auf die eigene Website zu locken. Die Website kann somit als Aushängeschild des Onlineauftritts gesehen werden. In ihrer Funktion dient sie dabei nicht nur der Informationsvermittlung oder der Abwicklung von Bestellungen, sondern fungiert auch als Dialogkanal zwischen Kunde und Unternehmen. Beispiele hierfür sind die Support- und Service-Bereiche, Foren oder Chatrooms. Zu den Zielen einer Website können u. a. die Kundenbetreuung, -bindung und -pflege zählen (*Häuser/Theobald* 2011, S. 220; *Walsh/Deseniss/Kilian* 2013, S. 523).

Wie bereits erwähnt, dient der Begriff Social Media als Sammelbegriff von Plattformen im Internet, die den Austausch von Brand und User generated content ermöglichen (*Burmann/Halaszovich/Hemmann* 2012, S. 189). Der Begriff Social Media wird oft synonym mit dem Ausdruck „soziale Netzwerke" verwendet. Jedoch gilt es hier zu unterscheiden, denn Social Media umfasst mehr als nur die sozialen Netzwerke. So werden bspw. Weblogs – ebenfalls soziale Netzwerke – häufig separat betrachtet.

Allgemein erfolgt die Einteilung der einzelnen Social Media Anwendungen von Autor zu Autor nicht immer einheitlich. Im Folgenden werden für diese Ausarbeitung auserwählte Social Media Kanäle näher beschrieben.

Soziale Netzwerke

Unter sozialen Netzwerken können Plattformen oder Onlinepräsenzen zusammengefasst werden, die darauf abzielen den Aufbau und die Pflege von Beziehungen zu erleichtern. Nutzer vernetzen sich miteinander und tauschen ihr Wissen und ihre Erfahrungen aus (*Schweiger/Schrattenecker* 2014, S. 46). Unter den in Deutschland derzeit wohl bekanntesten sozialen Netzwerken (Facebook, Twitter, Xing und LinkedIn) war Facebook[2] mit 34 Millionen Besuchern im Januar 2014 die meistbesuchte Plattform (*Brandt* 2014). Ursprünglich auf die Vernetzung von natürlichen Personen ausgelegt, gibt es mittlerweile auch Facebook-Seiten von Unternehmen und Marken. Etwa 80% der Unternehmen, die in Social Media aktiv sind, nutzen Facebook (*Friedrich* 2012, S. 25 f.).

Weblog

Ein Weblog (kurz: Blog) wird zum Austausch von Meinungen, Informationen, Gedanken oder Erfahrungen verwendet. Von Diskussionsforen unterscheiden sich Weblogs, indem sie in der Regel von einem einzigen Autor bzw. einer sehr eingeschränkten Anzahl an Autoren initiiert werden (*Domma* 2011, S. 30). Es gilt grob zu unterscheiden zwischen Themenblogs, die von privaten Personen geführt werden und Corporate Blogs, die von Unternehmen betrieben werden. Themenblogs werden für Unternehmen meist nur dann interessant, wenn sich in diesen über die Marke oder Produkte ausgetauscht wird. Corporate Blogs werden von Mitarbeitern oder dem Geschäftsführer eines Unternehmens betrieben. Dort wird über Neuigkeiten informiert, über spezielle Themen berichtet oder ein Einblick in den Unternehmensalltag gewährt (*Schweiger/Schrattenecker* 2014, S. 45 f.).

---

[2] Die 2004 von Mark Zuckerberg gegründete Online-Community hat monatlich 1,55 Milliarden aktive Nutzer weltweit (Stand: 30. September 2015) und verzeichnet bis dato ein ungebrochenes Wachstum (Facebook Newsroom o.J.).

YouTube

Unter zahlreichen Videoportalen ist YouTube mit Abstand die größte und bekannteste Videoplattform weltweit. Für Unternehmen und Marken bieten Online-Videos eine noch nie da gewesene Chance der Vermarktung. Videos eignen sich besonders gut, um komplexe Inhalte und Botschaften zugleich emotional und aufmerksamkeitsstark zu transportieren. Online-Videos können virale Effekte erzielen, bieten die Möglichkeit eine breite Masse zu erreichen und Besucher auf die eigene Website zu lenken. Es ist also nicht verwunderlich, dass die meisten großen Marken heute in Form eines Brand Channels (ein markeneigener Kanal) auf YouTube vertreten sind (*Davidson et al.* 2010, S. 293; *Wala* 2013, S. 32).

4 Emotion

4.1 Definition und Abgrenzung des Emotionsbegriffes

Auch wenn in Theorie und Praxis heute größtenteils Einigkeit über die Relevanz von Emotionen herrscht, gehen die Meinungen spätestens dann auseinander, wenn es darum geht wie Emotionen entstehen und was genau unter dem Begriff zu verstehen ist. Emotionen werden von jedem Individuum unterschiedlich erlebt und können sich in ihrer Art, Qualität und Intensität stark unterscheiden (*Kreutzer/Merkle* 2008, S. 23; *Kroeber-Riel/Weinberg/Gröppel-Klein* 2009, S. 100; *Scherer* 2005, S. 695). Nach Rothermund und Eder sind Emotionen „[...] objektgerichtete, unwillkürlich ausgelöste affektive Reaktionen, die mit zeitlich befristeten Veränderungen des Erlebens und Verhaltens einhergehen (*Rothemund/Eder* 2011, S. 166)."

In der Literatur werden Begriffe wie Stimmung, Affekt und Gefühl oft synonym mit dem Ausdruck Emotion verwendet. Es empfiehlt sich jedoch diese voneinander abzugrenzen. Stimmungen unterscheiden sich von Emotionen, indem sie länger andauern, eine geringere Intensität und keine Objektbezogenheit aufweisen (*Sokolowski* 2002, S. 243). Der Begriff Affekt (engl. affect) wird im englischsprachigen Raum synonym für Emotionen, oder auch als Oberbegriff für Emotionen und Stimmungen, verwendet. Im Deutschen versteht man unter Affekten plötzlich und kurzfristig auftretende Gefühle der Akzeptanz oder Ablehnung sowie Emotionen, die kognitiv wenig kontrolliert sind (*Faullant* 2007, S. 40; *Kroeber-Riel/Weinberg/Gröppel-Klein* 2009). Die Ausdrücke Gefühl und Emotion voneinander zu trennen stellt sich als deutlich schwieriger heraus. Gefühle können als die erlebnisbezogene Seite von Emotionen gesehen werden, was heißt, dass Gefühle jene Empfindungen sind, die Menschen erleben, wenn Emotionen bewusst werden (*Gordon* 2001, S. 285; *Kroeber-Riel/Weinberg/Gröppel-Klein* 2009, S. 101; *Pathak et al.* 2011, S. 220).

Seit einiger Zeit spielen Emotionen vor allem in der Wissenschaft und Forschung eine bedeutende Rolle. So tragen Erkenntnisse rund um Emotionen u. a. wesentlich dazu bei unbeobachtbare Vorgänge im menschlichen Organismus besser nachzuvollziehen (*Faullant* 2007, S. 37).

4.2 Erkenntnisse aus Wissenschaft und Forschung

Auch wenn das Zustandekommen von Emotionen im Gehirn noch nicht vollständig geklärt zu sein scheint, sind die neurowissenschaftlichen Erkenntnisse hierzu für viele Forschungsgebiete bereits von großer Bedeutung. So entstand auch der vergleichsweise junge interdisziplinäre Forschungszweig der Neuroökonomie. Wie der Name schon sagt, eine Verbindung aus Neurologie und Ökonomie. Im Fokus steht hier die Analyse ökonomisch relevanten Verhaltens mittels neurowissenschaftlicher Methoden (*Möll* 2007, S. 7 f.).

Eine wichtige Teildisziplin der Neuroökonomie ist das Neuromarketing. Der Begriff Neuromarketing umschreibt die Nutzung neurowissenschaftlicher Erkenntnisse für Marketingzwecke (*Häusel* 2012b). Da das Neuromarketing insbesondere die verhaltenswissenschaftliche Marketingforschung ergänzt und hier der Konsument im Mittelpunkt der Betrachtung steht, wird der Begriff Neuromarketing oft synonym mit dem Ausdruck „Consumer Neuroscience" verwendet. Während sich letzteres lediglich auf die Analyse des Konsumentenverhaltens beschränkt, kann der Begriff Neuromarketing allgemeiner verwendet werden (*Bruhn/Köhler* 2010, S. 4).

Innerhalb der Marketingwissenschaft hat sich das Forschungsfeld Konsumentenverhalten zu einer eigenen wissenschaftlichen Disziplin entwickelt, die als Teil der Verhaltenswissenschaften gesehen werden kann. Die Konsumentenforschung sieht das grundsätzliche Ziel darin, das Verhalten von Konsumenten zu verstehen und zu erklären (*Trommsdorff/Teichert* 2011, S. 15 ff.). Während innere Vorgänge des Organismus in der Konsumentenforschung lange Zeit unberücksichtigt blieben, ermöglichen hirndiagnostische Verfahren heute einen Einblick in die inneren Prozesse des Konsumenten. Als Grundlage hierfür dient das neo-behavioristische Stimulus-Organism-Response-Modell (kurz: S-O-R-Modell), veranschaulicht in *Abb. 3* (*Krause* 2013, S. 7).

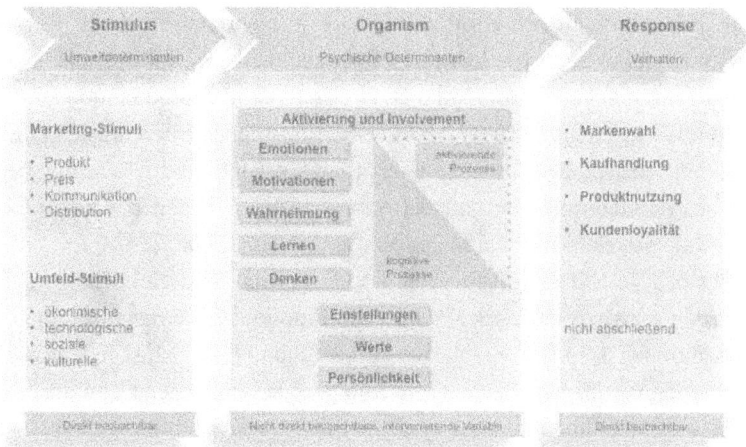

Abb. 3: S-O-R-Modell (Quelle: Kroeber-Riel/Weinberg/Gröppel-Klein 2009, S. 51 ff.; Sigg 2009, S. 12; Foscht/Swoboda 2011, S. 30)

Durch sogenannte Umweltdeterminanten wird der Prozess im S-O-R-Modell in Gang gesetzt. Hierzu zählen alle Gegebenheiten im Wahrnehmungsbereich, die der Konsument unmittelbar erlebt. Im Rahmen der von Unternehmen gestalteten Marketingstimuli können dies z. B. kommunizierte Werbebotschaften sein. Diese Stimuli werden im Inneren des Konsumenten durch psychische Vorgänge verarbeitet und äußern sich anschließend in Form beobachtbarer Reaktionen. Hierzu zählt neben der Kaufentscheidung u. a. die Kundenloyalität (*Lohs/Fauser* 2015; *Sigg* 2009, S. 12 ff.). Bei den psychischen Prozessen, die im Organismus des Menschen vorgehen unterscheiden *Kroeber-Riel/Weinberg/Gröppel-Klein* (2009, S. 51 f.) zwischen aktivierenden und kognitiven Vorgängen, wobei aktivierende Vorgänge vielmehr als Zustände zu bezeichnen sind. Unter typisch aktivierenden Zuständen verstehen sie Emotionen und Motivationen, wohingegen Denken und Lernen kognitive Prozesse darstellen (für eine Übersicht relevanter psychischer Determinanten s. *Tab. 10* im Anhang).

Ergänzend zu der Einteilung psychischer Prozesse in aktivierend und kognitiv, ist wichtig zu erwähnen, dass kognitive Vorgänge auch aktivierende Komponenten aufweisen und vice versa. Dieses Verständnis beruht u. a.

auf Erkenntnissen der Hirnforschung. Wie mehrfach bewiesen werden konnte, gibt es nicht wie lange Zeit angenommen eine linke rationale und rechte emotionale Gehirnhälfte. Beide Gehirnhälften sind emotional und kognitiv zugleich und zudem mit über 200 Millionen Nervenfasern miteinander vernetzt. Die Amygdala, das Emotionszentrum des Gehirns, liegt in beiden Gehirnhälften und befindet sich direkt neben der kognitiven Zentrale des Gehirns, dem Hippocampus (*Scheier* 2008, S. 310 f.).

Über das Verhältnis von Emotion und Kognition wird viel diskutiert. Es wurde nachgewiesen, dass Kognitionen Emotionen aber auch Emotionen Kognitionen beeinflussen. Nach heutigem Stand lässt sich sagen, dass die Verarbeitung im Organismus sehr komplex zu sein scheint und die Vorgänge unauflöslich interaktiv erfolgen (*Stürmer/Schmidt* 2014, S. 67).

Eine wesentliche Erkenntnis darüber, weshalb es schwer ist Emotion und Kognition getrennt voneinander zu betrachten, lieferte Daniel Kahneman, ein Psychologe, der 2002 den Nobelpreis für Wirtschaftswissenschaften erhielt (*Scheier/Held* 2012a, S. 33). Kahneman unterscheidet in seiner Erklärung zwischen zwei Systemen, dem Piloten und Autopiloten.

Der Autopilot macht dabei den größten Anteil (70-95%) der mentalen Gesamtaktivität aus. Er arbeitet unbewusst und implizit, hoch effizient und spontan. Der Autopilot entscheidet innerhalb von zwei Sekunden. Er liebt Geschichten und Symbole, hasst Argumente und Logik. Im Autopiloten sind automatisierte Programme gespeichert, die durch sogenannte Codes (z. B. Markenlogos) aktiviert werden und das Verhalten steuern. Hier entstehen auch Emotionen. Der Pilot übernimmt 5-30% der mentalen Gesamtaktivität und enthält alle Vorgänge, die bewusst und deswegen kontrollierbar sind. Der Pilot ist langsam, kostet viel Energie und fällt Entscheidungen nur zögerlich. Er liebt Zahlen und Fakten, er plant und denkt nach. Über den Pilot führt der Weg in das Langzeitgedächtnis. Obwohl es problematisch ist den Autopiloten und Piloten anatomisch im Gehirn zu verorten, wird der Autopilot in allen sensorischen Arealen vermutet, in denen Arbeit unbewusst verrichtet wird. Darunter fällt das Emotionszentrum, das Bewertungszentrum und die Mustererkenner und -lerner (*Scheier/Held* 2012a, S. 66 f.).

Unterschiedliche Ansichten machen sich jedoch nicht nur bei dem Verständnis und der Verortung von Emotionen breit. Auch wenn es um die Ordnung und Messung von Emotionen geht, treffen Wissenschaftler immer wieder auf neue Fragen und Erkenntnisse.

4.3 Klassifizierung und Messung von Emotionen bei Erlebnissen

Die Gefühlswelt der Menschen und die Bandbreite emotionaler Reaktionen sind sehr vielfältig. Dies spiegelt sich auch in der Sprache und der Anzahl der Worte wieder, die Menschen für ihre Gefühlszustände benutzen. Für einen besseren Überblick und eine nachvollziehbare Darstellung werden in der Emotionsforschung sogenannte Ordnungsschemata verwendet (*Stürmer/Schmidt* 2014, S. 50). Unterschieden wird dabei grundsätzlich zwischen dem differenziellen und dem dimensionalen Ansatz. Im Rahmen des differenziellen Ansatzes werden alle Emotionen in Kategorien emotionaler Zustände geteilt. Nach *Izard* (1981, S. 108 ff. und 2007, S. 261) und *Plutchik* (1982, S. 535 ff.; 2009, S. 200), zwei wichtige Begründer dieser Theorie, können alle Emotionen auf wenige Basisemotionen (s. *Tab. 1*) zurückgeführt werden. Nach Izard gibt es zehn, nach Plutchik acht Basisemotionen (s. auch *Kroeber-Riel/Weinberg/Gröppel-Klein* 2009, S. 136 ff.; *Möll* 2007, S. 58):

Basisemotionen nach Plutchik	Basisemotionen nach Izard	Adjektive
Erwartung	Interesse	aufmerksam, konzentriert, wach
Freude	Freude	erfreut, glücklich, froh
Überraschung	Überraschung	überrascht, verblüfft, erstaunt
Traurigkeit	Kummer	niedergeschlagen, traurig, entmutigt
Wut/Ärger	Zorn/Wut	aufgebracht, zornig, wütend
Ekel	Ekel	widerwillig, angeekelt, abscheuerregend
Akzeptanz/Vertrauen	Geringschätzung	geringschätzig, spöttisch, verachtungsvoll
Angst	Furcht/Angst	sich fürchtend, bange, ängstlich
	Scham	schüchtern, scheu, zurückhaltend
	Schuldgefühl	reuig, schuldig, tadelnswert

Tab. 1: Basisemotionen nach Plutchik und Izard (Quelle: Kroeber-Riel/Weinberg/Gröppel-Klein 2009, S. 136 ff.; Möll 2007, S. 58; Thyri 2003, S. 74)

Basisemotionen sind angeboren und nicht in andere Emotionen zerlegbar. Alle weiteren Emotionen ergeben sich aus einer Mischung dieser Basisemotionen. So entsteht z. B. Freundschaft aus den Emotionen Freude und Akzeptanz oder Vergnügen aus Freude und Überraschung. Um Emotionen zu messen, entwickelte Izard eine Differenzielle Emotionsskala (DES), indem er 30 Adjektive (s. *Tab. 1*) zu den Fundamentalemotionen aufführte und diese von Auskunftspersonen anhand einer Ratingskala bewerten ließ (*Esch/Möll* 2010, S. 147 f.; *Möll* 2007, S. 58; *Plutchik* 2009, S. 200). Neben Izard und Plutchik gibt es eine Reihe anderer Forscher, die diverse verbale Ratingskalen entwickelten. Die Anzahl der Emotions-Adjektive variiert dabei stark und reicht von 16 bis 47 Items. *Tab. 1* stellt nur eine Auswahl dieser Adjektive dar und bezieht sich auf die Basisemotionen nach Izard.

Neben dem differenziellen Ansatz gibt es außerdem den dimensionalen Ansatz. Der dimensionale Ansatz wurde ursprünglich von Mehrabian und

Russell entwickelt, um emotionale Reaktionen auf Umweltstimuli zu messen (*Mehrabian* 1996, S.263). Die dafür verwendete PAD-Skala (s. *Abb. 4*) besteht aus den drei Dimensionen **Pleasure**, **Arousal** und **Dominance** und führt für jede der drei Dimensionen sechs gegensätzliche Itempaare auf, die auf einer Skala von 4 bis -4 bewertet werden. Die Dimension Pleasure (Valenz) bezieht sich auf ein positives oder negatives Gefühl, Arousal stellt das Maß bzw. die Intensität der Erregung dar und Dominance (Dominanz) beschreibt das Gefühl inwieweit man eine Situation im Griff hat (*Kroeber-Riel/Weinberg/Gröppel-Klein* 2009, S. 121).

		4	3	2	1	0	-1	-2	-3	-4	
VALENZ	zufrieden						x				unzufrieden
	glücklich							x			unglücklich
	erfreut						x				genervt
	hoffnungsvoll					x					verzweifelt
	ausgeglichen						x				schwermütig
	entspannt						x				gelangweilt
ERREGUNG	rasend			x							träge
	erregt		x								unerregt
	zappelig			x							lahm
	hellwach				x						schläfrig
	aufgeregt		x								ruhig
	stimuliert				x						entspannt
DOMINANZ	dominant					x					submissiv
	kontrollierend					x					kontrolliert
	einflussreich				x						beeinflusst
	autonom					x					geführt
	wichtig						x				ehrfürchtig
	in der Hand haben					x					versorgt sein

Abb. 4: Beispiel einer PAD-Skala (Quelle: Stürmer/Schmidt 2014, S. 269)

Am aufgeführten Beispiel der PAD-Skala ist bspw. zu erkennen, dass der emotionale Reaktionszustand auf den Stimulus von einer starken Erregtheit geprägt ist, während die Dimension Valenz eher schwach ausgeprägt ist. Die Dominanz befindet sich im Mittelfeld mit Tendenz in den negativen Bereich (*Thyri* 2003, S. 77).

Mittlerweile immer häufiger in der Emotionsforschung verwendet werden sogenannte Circumplex-Modelle (s. *Abb. 5*):

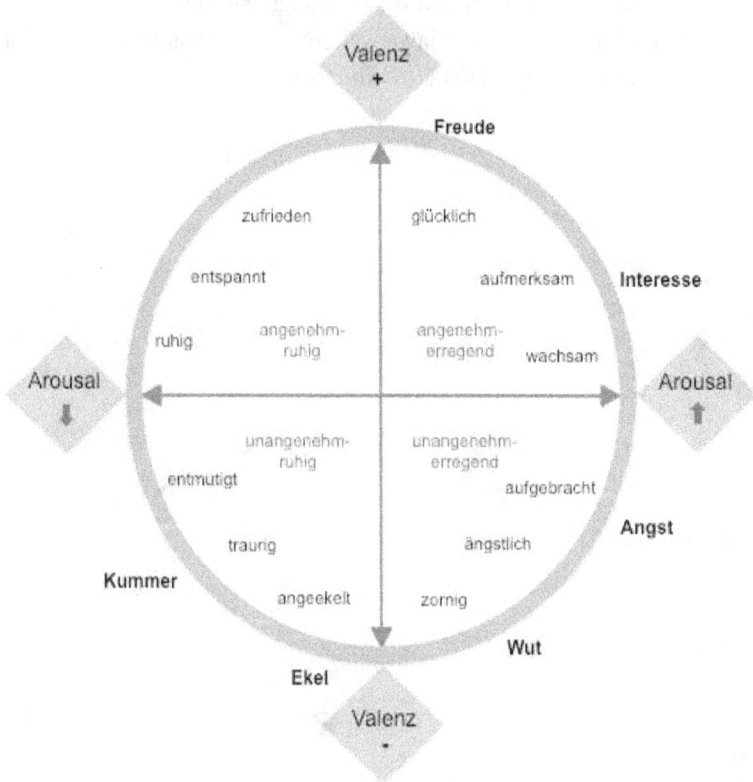

Abb. 5: Beispiel eines Circumplex-Modells (Quelle: Rothermund/Eder 2011, S. 169; Stürmer/Schmidt 2014, S. 60)

In einer Art Koordinatensystem werden hier zwei der drei Dimensionen dargestellt: die Valenz (positiv – negativ bzw. angenehm – unangenehm) und die Dimension Arousal (aktivierend – deaktivierend bzw. erregt – unerregt). Die unterschiedlichen Emotionen der differenziellen Ansätze können in den Koordinaten genau verortet werden. In diesem Beispiel werden sowohl auserwählte Basisemotionen als auch Adjektive dargestellt. Das Circumplex-Modell zeigt, dass zwischen der Anordnung von Emotionen in dimensionalen und differenziellen Ansätzen kein Widerspruch besteht, sondern Emotionen lediglich nach unterschiedlichen Vorgehensweisen eingeordnet werden können (*Esch/Möll* 2010, S. 148; *Möll* 2007, S. 59 f.; *Stürmer/Schmidt* 2014, S. 51 ff.).

Die beiden zuvor vorgestellten Ansätze sind vor allem dann sehr hilfreich, wenn es darum geht Emotionen subjektiv zu messen. Sie bieten die Möglichkeit eines mehr oder weniger standardisierten Verfahrens, um Emotionen verbal auszudrücken. Bei der subjektiven Emotionsmessung wird davon ausgegangen, dass Menschen bis zu einem gewissen Grad Zugang zu ihren Emotionen haben und diese einordnen können. Da Emotionen jedoch größtenteils unbewusst ablaufen, können mit der subjektiven Methode nur bewusste Reaktionen auf Emotionen gemessen werden. In der Praxis gibt es unterschiedliche Methoden, die es ermöglichen Emotionen auch auf andere Weise zu messen. Als die einzig zutreffende Methode hat sich bisher jedoch noch keine erwiesen. Eine zunehmend bekannte Methode der letzten Jahren ist die funktionelle Magnetresonanztomographie (fMRT), ein bildgebendes Verfahren, bei dem Gehirnareale identifiziert werden, die in bestimmten Situationen aktiviert sind. So kann Aufschluss über innere Prozesse von Konsumenten als Reaktion auf Umweltstimuli gewonnen werden. Weiter gibt es psychophysiologische Verfahren, die physische Reaktionen messen, welche parallel zu psychischen Prozessen ablaufen. Beispiele hierfür sind Methoden zur Messung der Muskelaktivität, des Herz-Kreislauf-Systems oder das Eye-Tracking (Blickverfolgung) (*Esch/Möll* 2010, S. 148 f.; *Stürmer/Schmidt* 2014, S. 128).

Alle Methoden zur Messung von Emotionen tragen entscheidend dazu bei, den Einfluss dieser auf das Konsumentenverhalten näher zu ergründen. Aus vergangenen Messungen und Beobachtungen ist bekannt, dass emotionale Erlebnisse die individuelle Einstellung gegenüber Marken und ihren Produkten oder Dienstleistungen prägen. Außerdem können positive Erlebnisse die Bindung zu einer Marke stärken und schlechte Erfahrungen hingegen bindungsschwächend wirken. Emotionen stellen somit eine wichtige Komponente für den Erfolg einer Marke dar (*Dieckmann et al.* 2008, S. 320).

5 Marke und Emotion

Sei es der einzigartige Genuss beim Verspeisen einer bestimmten Schokolade, oder die Sicherheit beim Fliegen mit einer bestimmten Airline – emotionale Erlebnisse prägen die individuelle Einstellung gegenüber Marken und ihren Produkten oder Dienstleistungen. Sie tragen kontinuierlich zur Differenzierung und Präferenz bei der Markenwahl bei. Positive Erlebnisse stärken die Markenbindung, wohingegen schlechte Erfahrungen mit einer Marke die Bindung schwächen. Emotionale Werbereize haben eine Auswirkung auf die Werbewahrnehmung und Markeneinstellung. Damit stellen Emotionen eine grundlegende Voraussetzung für die Markenbindung dar (*Dieckmann et al.* 2008, S. 320).

Geht es um die Beziehung zwischen Konsument und Marke, gehören die Komponenten Affekt und Emotion zu wesentlichen Erfolgsgrößen. Oft scheint es so, als spielen bei mancher Produktwahl ausschließlich funktionale Attribute eine Rolle. Jedoch haben Marken bei vielen Entscheidungen eine indirekte Wirkung, auf die kein Einfluss genommen werden kann. Marken sitzen im Autopiloten, besitzen eine unbewusste Anziehungskraft und lassen Produkte aus dem Hintergrund wertvoller erscheinen. Bekannte und erfolgreiche Marken sind dabei stark gefühlsmäßig in den Köpfen der Konsumenten verankert (*Scheier/Held* 2012a, S. 29 f.). Marken sind Vorstellungsbilder, die im Gehirn entstehen und sogenannte neuronale Netzwerke bilden. In diesen Netzwerken sind sowohl Produkteigenschaften als auch Emotionswelten verknüpft (*Bruhn/Köhler* 2010, S. 146). Je mehr positive Emotionsfelder dabei besetzt werden, desto eher steigt der Wert einer Marke aus Sicht des Gehirns (*Häusel* 2012a, S. 185 ff.). Positive Emotionen aktivieren zusätzlich Zentren im Gehirn, welche chemische Botenstoffe freisetzen und dafür verantwortlich sind, dass Glück empfunden wird. Diese Zentren werden auch Belohnungszentren genannt. Das Erleben dieses Glückzustands hat zu Folge, dass auch in Zukunft immer wieder Situationen und Reize gesucht werden, die genau dieses Gefühl wecken (*Stürmer/Schmidt* 2014, S. 23). Es sind also mit einer Marke verknüpfte Emotionen, die eine Präferenzbildung in den Köpfen der Nachfrager auslösen. Dabei lösen starke Marken z. B. andere Gehirnaktivitäten aus als schwache Marken. Starke Marken aktivieren immerzu das gleiche neuronale Netzwerk im Gehirn und zeigen einen höheren Grad an emotionaler Aufladung. (*Bruhn/Köhler* 2010, S. 146; *Gruber* 2008, S. 14). Im Rahmen einer Studie der Universität Bonn mit 300 Probanden konnte festgestellt werden, dass starke Marken (wie Coca-Cola, Red Bull oder Porsche) im Gegensatz zu schwachen (Sinalco, Almdudler, Hyundai) oder unbekannten Marken (Rivella, Infiniti) bei Konsumenten Gehirnregionen aktivieren, die für Gefühle der Belohnung oder Freude stehen und positive Assoziationen hervorrufen. Selbst bei Vermittlung negativer Markeninformationen blieb bei starken Marken die Aktivierung selbiger Hirnregionen erhalten. Die Studie kam zu dem Ergebnis, dass starke Marken es schaffen sämtliche Aufmerksamkeit auf sich zu ziehen und eine einzigartige Identität im Gehirn der Konsumenten zu entwickeln. Bei starken Marken erfolgt lediglich eine geringe Auseinandersetzung mit kognitiven Attributen (*Bruhn/Köhler* 2010, S. 139 ff.).

Marken haben demnach zwei wichtige Funktionen: Zum einen reduzieren sie durch ihre Bekanntheit die Entscheidungsunsicherheit und Komplexität, zum anderen vermitteln sie durch ihre Persönlichkeit bestimmte Vorstellungen und laden Objekte mit positiven Emotionen auf (*Häusel* 2012a, S. 185 ff.). Positive Emotionen hängen dabei stark mit Glücksgefühlen und dem Aktivieren des Belohnungszentrums im Gehirn zusammen. Nach Scheier/Held (2010, S. 208 f.) gibt es ein sogenanntes Belohnungssystem, bestehend aus mehreren Belohnungskategorien, anhand derer Marken differenziert und positioniert werden können. Die Belohnungskategorien sind eine Ergänzung zu den menschlichen Motiven nach Norbert Bischof. Dieser entwickelte das in der Literatur oft genannte „Zürcher Modell der sozialen Motivation" und identifizierte darin die drei Grundmotive **Stimulanz**, **Erregung** und **Autonomie** menschlichen Verhaltens. Nach Scheier und Held sind Motive stark mit Belohnungen verknüpft, denn es sind Belohnungen, die dazu motivieren Dinge zu tun. Aus diesem Grund lehnt das von Ihnen konzipierte Belohnungssystem stark an die Motive von Bischof an bzw. kann als eine Weiterentwicklung gesehen werden. Das Belohnungssystem besteht aus insgesamt sechs Grundbelohnungen: der Sicherheit bzw. dem Bedürfnis nach Geborgenheit, Fürsorge, Geselligkeit oder Mutter-/Vaterliebe, dem Genussversprechen (Stimulanz), dem Prickeln von Neuem oder Aufregendem (Abenteuer), der Erregung in Form von

Kreativität, Spieltrieb oder Innovation, der Autonomie und dem Gefühl von Überlegenheit und Macht sowie dem Streben danach, alles im Griff zu haben und zu kontrollieren (Disziplin/Kontrolle) (*Häusel* 2012a, S. 186; *Scheier/Held* 2010, S. 208 f.). In dem von Scheier und Held erwähnten Belohnungssystem geht es jedoch nicht darum, Marken einer Belohnungskategorie zuzuordnen, denn Marken sind viel zu komplex und besitzen in der Regel ein ganzes Belohnungsprofil. Jedoch dienen Belohnungswerte dazu ein Verständnis für die Anziehungskraft von Marken zu erlangen (*Scheier/Held* 2010, S. 208 f.).

6   Marken-Erlebnisse im Web 2.0

Seit den Neunzigern hat die Erlebnisorientierung in der Markenkommunikation sowohl in der Literatur als auch in der Praxis Niederschlag gefunden. Die Potenziale des Internets, Marken „erlebbar" zu machen, werden allerdings oft noch unzureichend genutzt. Dabei kommt der Beeinflussung der Konsumenten durch emotionale Reize, vor allem bei gering involvierten Internetnutzern, eine große Bedeutung zu. Bernd Werner, Vorstand der Nymphenburg Consult AG, äußerte sich auf dem Neuromarketing-Kongress 2012 zum Thema „Wie Medien wirklich wirken" und brachte dabei die große Bedeutung des Mediums Internet für die Markenkommunikation zum Ausdruck. Zu den besonderen Eigenschaften zählte er die Aktualität und Vielfalt dieses Kommunikationsinstruments. Das Internet bietet ständig Unterhaltung, wird nie langweilig, ist abwechslungsreich und unbegrenzt. Es ist interaktiv und multioptional, „es wird permanente Belohnung und damit Dopamin ausgeschüttet" (*Werner* 2012a). Ferner ordnet er das Internet in die Motiv- bzw. Belohnungskategorien Stimulanz und Dominanz ein. Das Internet verleiht das ständige Gefühl etwas zu verpassen sowie das Bedürfnis nach Kontrolle und Durchsetzung. Außerdem vermittelt es ein Gefühl von Zugehörigkeit, denn in Netzwerken können neue Freundschaften und Liebschaften geschlossen werden. Im Internet findet man nicht nur einen Überfluss an Reizen, es bietet ein „Meer" an Emotionen (*Werner* 2012a; *Werner* 2012b, S. 13 ff.). Vor allem in der Konsumgüterindustrie, in der die Markenpersönlichkeit oft stark emotional geprägt ist, können Anbieter die Potenziale des Internets dafür nutzen, ihre Marke emotional aufzuladen (*Walsh/Deseniss/Kilian* 2013, S. 421).
Nach *Boldt* (2010, S. 124) liegt der Schwerpunkt des Onlineauftrittes immer in der Kundenbindungsstrategie. Indem die Marke in Form einer Markenwelt transportiert wird, wird versucht die Konsumenten an die Marke zu binden.

6.1 Begriffserklärung: Abgrenzung und Erläuterung

In der verhaltenswissenschaftlichen Konsumentenforschung hat es sich bewährt einzelne Emotionen (z.b. Freude oder Angst) von komplexeren Erlebnissen zu unterscheiden. Erlebnisse sind den Emotionen übergeordnete Phänomene und bestehen aus einem „Emotionsmix", das heißt aus mehreren Emotionen gleichzeitig. In der Theorie setzt sich ein Marken-Erlebnis aus dem Produkt, der Verpackung, dem Markennamen, dem Image und Mythos zusammen, was die Vielfalt und Komplexität von Marken-Erlebnissen verdeutlicht. In der Praxis treten markenspezifische Erlebnisse in unterschiedlichster Form auf. So kann für eine Person z. B. der Besuch in einem Café der Starbucks-Kette (der spezielle Geruch, das typische Einrichtungsdesign oder die Erinnerung an den letzten USA Urlaub) ein markenspezifisches Erlebnis darstellen. Für eine andere Person wird ein ähnliches Erlebnis beim Zuschauen der Krombacher Werbung (die Verbindung von Bier, Natur und Geselligkeit) vermittelt (*Weinberg/Nickel* 2007, S. 37). Ziel der Markenkommunikation sollte es sein, spezifische Erlebnisse in der Gefühlswelt der Konsumenten zu verankern und einen Beitrag zu deren Lebensqualität zu leisten (*Weinberg/Diehl* 2005, S. 267).

„Der Gesamteindruck der vermittelten Erlebnisse ergibt die Erlebniswelt." (*Weinberg/Diehl* 2005, S. 267) In der Praxis wird der Begriff Marken-Erlebniswelt oft synonym in verschiedenen Zusammenhängen verwendet. Hier gilt es sogenannte dauerhafte, stationäre Erlebniswelten (sogenannte „Brandlands", wie bspw. die VW-Autostadt) von virtuellen Erlebniswelten zu unterscheiden (*Bottler* 2011, S. 238). Inwieweit sich Marken-Erlebnisse auf virtuelle Plattformen übertragen lassen, wird in Kapitel 6.3. näher aufgeführt. Die Vermittlung von Erlebnissen kann auf verschiedenen Wegen erfolgen. Zum einen durch das Auslösen angenehmer Gefühle (z.B. angenehme Bilder in der Werbung), wodurch die allgemeine emotionale Beziehung zum Anbieter gestärkt wird. Zum anderen können spezifische Erlebnisse vermittelt werden, die dazu dienen ein eigenständiges Profil aufzubauen und sich von anderen Anbietern zu differenzieren (z.B. das Erlebnisprofil „männliche Abenteuer" von Marlboro). Letzteres eignet sich besonders für den Aufbau von Marken-Erlebnis(welten), da auf diesem Wege starke Emotionen hervorgerufen werden können und diese sich für eine klare Positionierung im Konkurrenzumfeld besser eignen als angenehme Gefühle (*Weinberg/Diehl* 2005, S. 268). Um für den Konsumenten einen emotionalen Erlebniswert zu erlangen, muss eine Marke permanent mit emotionalen Reizen verknüpft bzw. emotional aufgeladen werden. Die emotionale Konditionierung bedarf umso mehr Wiederholungen je weniger ausgeprägt das Involvement der Konsumenten. Wichtig für den Erfolg der Erlebnisvermittlung sind deswegen nicht nur starke emotionale Reize, sondern auch ein konsistenter Auftritt sowie zahlreiche Wiederholungen, vor allem bei Low-Involvement Konsumenten (*Dienstbier* 2007, S. 15). In der Regel herrscht in der Online-Kommunikation jedoch eine High-Involvement Situation, da der User hier aktiv nach Informationen sucht und sich bewusst auf Plattformen bewegt (*Bottler* 2011, S. 241 f.).

6.2 Möglichkeiten zur Vermittlung emotionaler Botschaften

Um implizite Botschaften und damit auch Emotionen an das Konsumentenhirn zu übermitteln, gibt es verschiedene Möglichkeiten. Neben den sensorischen Erlebnissen (die fünf Sinne) und der Sprache sind dies auch Geschichten sowie Symbole und Bilder:

Die fünf Sinne

Ein Hintergrund in einer Anzeige oder in einem Werbespot, der den Eindruck von Sonnenlicht vermittelt, überträgt automatisch ein warmes Gefühl. Auch das Rauschen des Meeres kann unbewusst positive Emotionen wecken und die Wahrnehmung stark beeinflussen. Sensorische Erlebnisse können aber auch durch Markenlogos geschaffen werden. Einprägsame Farben, wie z. B. das Magenta der Deutschen Telekom, werden dem Gehirn immer bekannter, je öfter sie wahrgenommen werden. Irgendwann kann bei dem Anblick der Farbe automatisch ein positives Wahrnehmungsgefühl sowie ein Gefühl der Vertrautheit entstehen (*Scheier/Held* 2012b, S. 76 ff.).

Sprache

Betrachtet man die gewählte Sprache in Werbebotschaften, fällt auf, dass sehr oft emotionsgeladene Wörter wie Liebe, Glück, Treue, Freude, Mutter usw. verwendet werden. Dabei sind die Botschaften stets kurz, klar und simpel (*Van der Pütten* 2005, S. 303).

Geschichten

Geschichten, Märchen und Mythen werden schon jahrzehntelang für die Kommunikation untereinander genutzt. Diese werden implizit im Gedächtnis gespeichert, so z. B. auch die eigene Lebensgeschichte. Hirnforscher fanden heraus, dass es neuronale Netzwerke gibt, die es sich zur Aufgabe machen Geschichten zu speichern. Die Rede ist hier vom sogenannten „episodischen Gedächtnis", das am höchsten entwickelte System des menschlichen Gehirns. Das episodische Gedächtnis ist anatomisch eng an den Hippocampus und die Amygdala geknüpft, was bedeutet, dass es stark an Emotionen gekoppelt ist. Geschichten können über TV-Spots, aber auch über fotografierte Episoden auf Anzeigen oder Plakaten vermittelt werden (*Scheier/Held* 2012b, S. 76 ff.).

Abgeleitet aus dem Englischen hat sich hierfür im Fachjargon auch der Begriff „Storytising" (aus Story und Advertising) etabliert. Markenstorys sind ein gutes Instrument, um Werte und Eigenschaften einer Marke lebendig zu übermitteln. Testergebnissen zufolge spielt es keine Rolle ob die Geschichten wahr oder fiktiv sind, was zählt ist der Grad des Eintauchens in die Geschichte. Ob die Botschaft erfolgreich transportiert wurde, kann anhand verschiedener Dimensionen gemessen werden: emotionales Involvement, kognitive Hinwendung, Überraschungsgefühle, sinkende Wahrnehmung der Umgebung, mentale Bilderzeugung etc. (*Boldt* 2010, S. 113 ff.).

In der Regel orientieren sich Markenstorys an der Struktur eines klassischen Dramas. Zentraler Bestandteil ist dabei das Motiv, welches sich von der Markenidentität ableitet. Personifiziert wird das Drama von einem Akteur, mit dem sich die Rezipienten identifizieren können. Im Laufe der Geschichte trifft der Akteur auf einen Konflikt, welches dem Motiv gegenübersteht und gelöst werden will. Der Spannungsbogen des Lösungsversuchs wirkt sich im Rezipienten in Form emotionaler Einbindung aus. Für eine Marke gilt es eine identitätskonforme emotionale Basis zu finden, auf der Markenstorys erzählt werden. Die Eigenschaften der Erlebniswelt hängen wieder stark mit den bereits erwähnten Motiven bzw. Belohnungskategorien zusammen und umfassen die Spielräume **Abenteuer, Selbstdarstellung, Seelenfrieden, Fürsorge, Überzeugungen** sowie **Liebe, Freundschaft und Beisammensein** (*Boldt* 2010, S. 113 ff.). Eine langfristige Verbindung zwischen Markenkern und Erlebniswelt ist wichtig, weil sich Eigenschaften, wie z. B. Fürsorge oder Abenteuer, auf die Marke übertragen. Der hier zugrundeliegende Prozess, die emotionale Konditionierung, läuft über einen längeren Zeitraum und unbewusst ab (*Weinberg/Diehl* 2005, S. 270).

Symbole und Bilder
Symbole sind jene Elemente, durch die Geschichten ihre Effizienz erhalten. Schon zu Zeiten der Höhlenmalerei wurden Geschehnisse anhand von Symbolen festgehalten. Das Verinnerlichen eines Symbols (Protagonist, Markenlogo usw.) passiert automatisch und wird in der Regel mit anderen Dingen verbunden (Marken, Produkte usw.). Am Beispiel des Piloten und Autopiloten würde dies bedeuten, dass Symbole durch wiederholtes Erscheinen irgendwann im Piloten (Langzeitgedächtnis) verankert werden, danach nur noch mit dem Autopiloten kommunizieren und das Verhalten automatisch beeinflussen (*Scheier/Held* 2012b, S. 76 ff.).

Im Laufe der Zeit wurde die informative Werbung von der Bildkommunikation abgelöst. Im Zuge einiger Studien kam man zu dem Ergebnis, dass das menschliche Gehirn dazu neigt sich Bilder besser zu merken als Worte (*Kroeber-Riel* 1983, S. 156). Bilder können schneller und spontaner aufgenommen werden, zudem können sie eine stärkere innere Erregung/Aktivierung auslösen. Für die Werbung heißt das konkret, dass jene Bilder besser aufgenommen werden, die aus der Masse hervorstechen, aber dennoch eindeutig sind, sich einfach interpretieren lassen und die Eigenschaften der Marke übermitteln. Besonders eignen sich Leit- und Schlüsselbilder, da diese ihre Wirkung auch nonverbal entfalten können (*Fährmann* 2006, S. 46; *Weinberg/Diehl* 2005, S. 277 f.). Hierunter sind Schriftformen, Farben, Personen oder Symbole, wie bspw. der Stern der Automarke Mercedes, zu verstehen. Des Weiteren spielt für den Gesamteindruck auch

die Bildumgebung eine bedeutende Rolle. Dies können z. B. Personen o-
der Orte sein, die in einem Zusammenhang mit dem zu bewerbenden Kun-
denkreis stehen, wie am Beispiel Marlboro ein Cowboy, der eine Packung
Zigaretten in der Hand hält (*Fährmann* 2006, S. 48).

6.3 Die Umsetzung emotionaler Erlebnisvermittlung auf ausgewählten Plattformen

Wie Unternehmen die Vermittlung emotionaler Erlebnisse im Web 2.0
umsetzen und Konsumenten an ihre Marke binden können, soll nachfolgend am Beispiel der Website, des Facebook-Auftrittes sowie der Plattform YouTube veranschaulicht werden. Vorab sei zu erwähnen, dass es
im Sinne der integrierten Kommunikation wichtig ist, alle transportierten
Botschaften miteinander zu verknüpfen, sodass sich diese über den gesamten Internetauftritt wiederholen. Durch die erhöhte Kontaktzahl der Konsumenten mit der Markenbotschaft wird der Aufbau klarer Gedächtnisstrukturen ermöglicht (*Esch et al.* 2005a, S. 686).

Websites dienen in erster Linie der Informationsgewinnung. Sie können
aber auch zur Unterhaltung genutzt werden, Emotionen hervorrufen, Konsumenten aktivieren und binden. Vielen Internetseiten fehlt es jedoch an
besagter Aktivierungsstärke, was heißt, dass die Aufmerksamkeit des Besuchers nicht oder nur wenig erregt wird. Grundsätzlich gilt im Internet,
wie auch bei klassischer Werbung, dass emotionale, überraschende und
intensive Reize helfen Aufmerksamkeit zu erzeugen. Um Erlebnisse zu
schaffen, eignen sich auf einer Website z. B. virtuelle Rundgänge oder ein
virtueller Berater/Begleiter, der den Besucher durch den Internetauftritt
begleitet. Auf diese Weise kann eine persönliche Nähe und Vertrauen geschaffen werden. Eine interaktive Gestaltung von Markenelementen fördert zudem das Entstehen lebendiger Bilder. Eine weitere Möglichkeit
emotionaler Bindung sind personalisierte Portalseiten, wie z. B. „Mein
Yahoo" auf der Website von Yahoo!. Auf diese Weise werden soziale Erlebnisse vermittelt und das Selbstwertgefühl sowie das Zugehörigkeitsgefühl des Besuchers kann gesteigert werden. Emotionale Elemente können
auf Websites unterschiedliche Wirkungen entfalten. Die bereits erwähnte
Klimawirkung (oder atmosphärische Wirkung) kann innerhalb eines Inter-
netauftrittes akustischer oder optischer Art sein. Für eine Website ist die

Hintergrundgestaltung ein wichtiges Mittel zur Schaffung eines positiven Wahrnehmungsklimas. Dies kann durch Farben, Muster oder Bilder geschaffen werden. So kann die Navigation mit Bildern hinterlegt werden, was zum einen der Orientierung dient und zum anderen kann das Klima verbessert und es können spezifische Erlebnisse vermittelt werden. Um eine Erlebniswirkung zu erzielen, bedarf es dominanter emotionaler Reize. Dies können große, emotionsstarke Bilder und Animationen sein, oder auch Hintergrundmusik, welche auf die Markenpersönlichkeit abgestimmt ist. Um jedoch ein ganzheitliches Erlebnis zu schaffen, sollte die Vermittlung von Reizen dieser Art nicht nur auf der Startseite passieren, sondern sollte sich durch den kompletten Markenauftritt ziehen (*Esch et al.* 2005a, S. 686 ff.).

Nicht nur die Website, auch andere Online-Plattformen bieten den Austausch mit Marken sowie eine geeignete Basis um Marken-Erlebnisse zu schaffen. Während Websites überwiegend zur Informationseinholung genutzt werden, stehen in sozialen Netzwerken, wie Facebook, die Interaktion und der Austausch untereinander im Vordergrund. Wie der Name schon sagt, schaffen soziale Netzwerke überwiegend soziale Erlebnisse und vermitteln ein Gefühl von Zugehörigkeit (*Henseler* 2011, S. 116). Durch Buttons wie „Gefällt mir" oder „Teilen" können Inhalte auf Facebook in Sekundenschnelle gestreut werden. Auf diese Weise gelangen Botschaften nicht nur an Fans, sondern erscheinen auch unter den „Neuigkeiten" der Freunde von Fans. Bei der Informationsüberflutung auf Facebook können Augenblicke entscheidend sein, in denen affektive Erlebnisse vermittelt werden können. Oft ist es die Neugier, die die Aufmerksamkeit auf Bilder oder Videos und damit auf den Markenauftritt eines Unternehmens lenkt. Durch spezielle Angebote auf der Facebook-Seite (meist in Tabs) besteht ferner die Möglichkeit Besucher durch Gewinnaktionen oder Spiele emotional zu involvieren. Beobachtungen zeigen, dass das Interesse an einer Marke signifikant steigt, wenn Gewinnaktionen auf Facebook gestartet werden. Oft bleibt ein User auch nach der Aktion noch Fan und wird regelmäßig mit der Marke auf seiner Pinnwand konfrontiert (*Simon/Brexendorf/Fassnacht* 2013, S. 59).

Ein weiteres Mittel zur Vermittlung intensiver Erlebnisse ist das Veröffentlichen von Videos, wie z. B. auf YouTube. Marken und ihre Werte können in Werbespots lebendig transportiert und von Konsumenten intensiv wahrgenommen werden. Des Weiteren sind Videos ein gutes Mittel um Botschaften innerhalb kürzester Zeit weit zu streuen. Grundsätzlich gilt, dass positive Emotionen eher werbetauglich sind als negative. Werden allerdings negative Emotionen vermittelt, kann davon ausgegangen werden, dass diese im späteren Verlauf von positiven abgelöst werden (*Von der Pütten* 2005, S. 302).

6.4 Der Zusammenhang zwischen Interaktion und Erlebnisqualität

Zwischen der interaktiven Eigenschaft von Web 2.0 und dem Erleben einer Marke besteht eine enge Verbindung, denn das Web 2.0 eröffnet neue Dimensionen des Markenerlebens. Marken-Erlebnisse, die durch Interaktion vermittelt werden, sind emotional geprägt und werden, ebenso wie Markenstorys, im episodischen Gedächtnis gespeichert. Vor allem die Möglichkeit der Interaktion in Social Media eignet sich besonders für die Vermittlung intensiver Marken-Erlebnisse. Da sich der Konsument aktiv beteiligt und bewusst mit der Marke beschäftigt, kann eine intensive Markenerfahrung erlebt werden. Das durch die Interaktion vermittelte Erlebnis ist in der Regel von sozialer Form bzw. liefert einen sozialen Nutzen und stärkt u. a. das Zugehörigkeitsgefühl sowie die soziale Identität der Konsumenten (*Eilers* 2014, S. 40). Mit steigender Interaktion steigt auch das Zugehörigkeitsgefühl (*Bauer/Botzenhardt/Heinrich* 2012, S. 139). In diesem Zusammenhang kommt den Brand Communities eine besondere Bedeutung zu. Durch den regen Austausch in virtuellen Gemeinschaften entsteht eine intensive Beziehung zwischen Konsument und Marke (*Boldt* 2010, S. 111).

Um die Konsumenten emotional zu involvieren, bieten sich neben Brand Communities auch andere Möglichkeiten, wie bspw. das Einbinden der Konsumenten im Rahmen des viralen Marketings, an. Hierbei kann der Grad der Interaktion jedoch stark variieren. Während der Klick auf einen „Like"-Button weniger Interaktion verlangt, erfordern Aktionen, bei denen Konsumenten aufgefordert werden Videos zu erstellen, mehr Involvement. Die Kundeninteraktion ist jedoch in jedem Fall der Ausgangspunkt viraler Markenkommunikation. Besonders erfolgreich sind virale Videos

(Viral Advertising), da diese durch das Weiterleiten im Internet exponentielles Wachstum in der Reichweite und Markenbekanntheit erreichen können. In der Regel lässt sich der Einsatz von viralem Marketing für starke Marken leichter gestalten, da das Interesse der Konsumenten größer ist die Botschaften zu teilen (*Esch* 2010, S. 325 ff.).

Durch eine hohe Interaktionsintensität zwischen Konsument und Marke erfolgt gleichzeitig ein Austausch zwischen Markenidentität und Markenimage. Die Marke kann nicht nur intensiver erlebt werden, es kann auch ein größeres Vertrauen und eine stärkere Bindung aufgebaut werden. In einer Untersuchung zur Messung der Brand Experience konnten die Autoren *Brakus/Schmitt/Zarantonello* (2009, S. 52 ff.) nachweisen, dass sich Marken-Erlebnisse auf die Kundenzufriedenheit und Markenloyalität auswirken. Besitzt eine Marke eine hohe Interaktionskompetenz, das heißt wird der Konsument stark involviert, wirkt sich dies positiv auf das Marken-Erlebnis aus. Ist auch das subjektive Empfinden des Marken-Erlebnisses hoch, wirkt sich dies ebenfalls positiv auf psychografische Zielgrößen, wie die Markenloyalität oder Kundenzufriedenheit, aus. Hieraus resultiert wiederum ein positiver Effekt für den ökonomischen Erfolg einer Marke, was sich in der Steigerung des Umsatzes und Gewinns bemerkbar macht (*Burmann/Halaszovich/Hemmann* 2012, S. 193 f.).

Hinzuzufügen sei an dieser Stelle, dass Interaktion nicht immer die Grundvoraussetzung für eine hohe Erlebnisqualität darstellt. So können sensorische Erlebnisse bspw. auch ohne interaktive Kommunikation vermittelt werden (*Burmann/Eilers/Hemmann* 2010, S. 60). Gleichzeitig steht Interaktivität nicht immer für die Vermittlung emotionaler Erlebnisse. Zwar können diese durch Interaktivität entstehen, jedoch muss der angebotene Mehrwert immer zum Markenkern passen (*Esch et al.* 2005, S. 702).

7 Emotionale Erlebnisse in der Online-Kommunikation am Beispiel der Marke NIVEA

7.1 Die Marke NIVEA

Mit ihrer einzigartigen und reinweißen Textur wurde die NIVEA Creme, auch bekannt als die „Mutter aller Cremes", vor über 100 Jahren auf den Markt gebracht. Seither wird sie weltweit von ihren Anhängern geschätzt. Die Marke NIVEA gilt als die erfolgreichste und größte der insgesamt acht Marken der Beiersdorf AG. NIVEA ist eine unter der Dachmarke Beiersdorf geführte Familienmarke, die mehrere Einzelmarken umfasst. Das große Spektrum der NIVEA Produktmarken erstreckt sich von der allseits bekannten NIVEA Creme, über die Produktbereiche NIVEA Visage, Deo, Sun oder Soft, bis hin zu NIVEA Baby und Hair Care. Beiersdorf nutzt für Produktneueinführungen seit Jahren das große Wachstumspotenzial der Marke NIVEA und genießt großes Vertrauen der Verbraucher in die Marke. Im Jahr 2015 wurde NIVEA von Verbrauchern aus sieben Ländern Europas wiederholt zur Vertrauensmarke Nummer 1 in der Kategorie Hautpflege gewählt (*Beiersdorf* o.J.; *Kreutzer* 2013, S. 244; *Reader's Digest* 2015, S. 18).

Ganz nach dem Motto „eine Marke für alle" spricht NIVEA mit zahlreichen Produkten die unterschiedlichsten Zielgruppen weltweit an. NIVEA ist eine Marke für die ganze Familie, die für jugendliche Frische und Natürlichkeit, Geborgenheit, Zuverlässigkeit, Nähe, Ehrlichkeit und Vertrauen steht. Ihren Werten ist die Marke immer treu geblieben und gilt deswegen als authentisch und traditionell (*Beiersdorf* o.J.; *Weinberg/Diehl* 2005, S. 279).

Die Treue zu sich selbst und die emotionale Bindung zu den Kunden sind zwei wesentliche Erfolgsfaktoren der Marke. Wie in den vorherigen Kapiteln mehrfach erwähnt, ist es für Marken wichtig immer wieder dieselben Vorstellungsbilder in den Köpfen der Verbraucher hervorzurufen. Der ehemalige Vorstandsvorsitzende der Beiersdorf AG, Rolf Kunisch, äußerte sich hierzu wie folgt: „Wenn Sie nachts um zwei Uhr aufgeweckt werden und man sagt Ihnen das Stichwort NIVEA, dann antworten Sie:

Weiß-Blau, der typische Schriftzug, Duft, weiße Creme, vielleicht sogar Mutterliebe oder Strand. Fazit: Marken leben im Bewusstsein des Verbrauchers." (*Esch* 2010, S. 23)

Neuronale Marken-Netze entstehen durch wiederholte Aktivierung derselben Gehirnregionen. Das heißt, die mit einer Marke verbundenen Gestaltungs- und Emotionswelten müssen durchgängig umgesetzt und die Markenbotschaft muss permanent wiederholt werden, sodass sich eine Marke langfristig im Gedächtnis der Konsumenten verankern kann (*Häusel* 2012a, S. 189 f.). Am Beispiel NIVEA sei hier das weiß-blaue Logo zu nennen, welches das Leit- bzw. Schlüsselbild der Marke darstellt. Seit 1925 setzt Beiersdorf auf das simple aber sehr ausdrucksstarke Logo der Marke und transportiert damit Reinheit und Zuverlässigkeit (s. *Abb. 6*) (*Fährmann* 2006, S. 45).

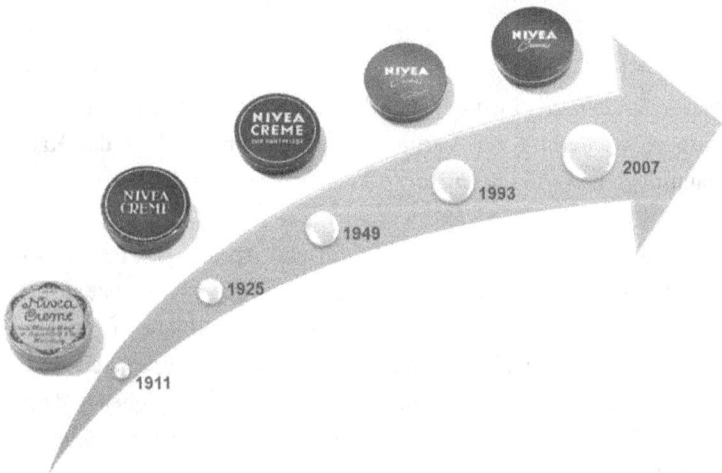

Abb. 6: Historische Entwicklung der NIVEA Creme (Quelle: Eigene Darstellung, in Anlehnung an Beiersdorf o.J.)

7.2 Der Online-Markenauftritt

Die Marke NIVEA ist online auf verschiedenen Plattformen zu finden. Neben der markeneigenen Website besitzt NIVEA einen Brand Channel auf YouTube und ist auf Facebook sowie Twitter vertreten. Des Weiteren werden auch regelmäßig Einträge auf Instagram und Pinterest veröffentlicht. Im Folgenden wird der Fokus der Analyse auf die Website von NIVEA sowie die Auftritte der Marke auf Facebook und YouTube gelegt.

Die Website
Der Internetauftritt der Marke NIVEA lässt sich sowohl auf direktem Wege (www.NIVEA.de) als auch über die Website des Unternehmens Beiersdorf erreichen (www.beiersdorf.de/marken/NIVEA).

Auf der Startseite setzt die Marke NIVEA auf sensorische Erlebnisse in Form optischer Eindrücke. So zieht sich die Markenfarbe blau über den gesamten Bildschirm. Zu Zeiten der Bewerbung des Q10 Anti Falten Serums bspw. bewegten sich große gelbe Perlen im 3D Format über den gesamten Bildschirm und vermittelten den Eindruck in einem Bällebad zu schwimmen (s. *Abb. 15* im Anhang). Des Weiteren werden Besucher mit Angeboten zum Verbleiben auf der Seite gelockt. Diese reichen von Gewinnspielen über Gratisprobenbestellungen bis hin zur Gestaltung individueller NIVEA Dosen (*NIVEA* o.J.a).

In der Menüleiste findet sich neben den Bereichen „Produkte" und „Beratung" die Kategorie „NIVEA Welt". Eine Unterkategorie hiervon stellt „NIVEA für mich" dar. Hinter „NIVEA für mich" wiederum steckt u. a. eine Botschafteraktion, bei der Konsumentinnen Testprodukte anfordern können, sich darüber mit Freunden austauschen und anschließend ihre Erfahrungen berichten sollen. Hierzu findet man zu verschiedenen Produkten sogenannte „Aktionsblogs", in denen das NIVEA Team Beiträge schaltet und Erfahrungsberichte der Testerinnen hoch lädt. Registrierte NIVEA Nutzer können sich hier intensiv miteinbringen und ebenfalls kommentieren (*NIVEA* o.J.b). Diese Art von Dialog ist ein Beispiel dafür, wie man mit Konsumenten in Kontakt treten und ein soziales Erlebnis vermitteln kann. Hinter der „NIVEA für mich" Kategorie auf der Website findet man des weiteren Einkaufsgutscheine zum Ausdrucken sowie das NIVEA Magazin (*NIVEA* o.J.c). Auch hier werden Nutzer zur Interaktion animiert, indem in einem der Magazine dazu aufgerufen wurde private Bilder mit dem NIVEA Wasserball[3] einzusenden. Das Berichten der persönlichen Erfahrungen mit dem NIVEA Wasserball und das in Verbindung bringen der eigenen Lebensgeschichte mit der Marke schaffen ebenfalls ein emotionales Erlebnis und vermitteln das Gefühl von Zugehörigkeit, Verbundenheit und Vertrautheit. Jedoch bedarf das emotionale Erleben in diesem Beispiel auch einen gewissen Grad an Eigeninvolvement der Konsumenten.

Über den Menüpunkt „Highlights" kann man zu der Kategorie „Zauberhafte NIVEA Märchengeschichten" gelangen (s. *Abb. 16* im Anhang). Hier finden sich Märchen, wie etwa passend zur Weihnachtszeit, oder Spiele, wie bspw. ein Puzzle (*NIVEA* o.J.e). Mit diesem Spaß-Faktor löst NIVEA affektive Erlebnisse aus und fördert zugleich die emotionale Bindung zwischen Nachfrager und Marke. Indem vor allem Kinder durch dieses Angebot angesprochen werden, transportiert NIVEA hier den für die Marke typischen familiären Wert.

Hinter dem Menüpunkt „Beratung" findet der Besucher Artikel und Videos zu den Themen Lifestyle und Inspiration. Mit Beiträgen zu den Themen Entspannung, Gesundheit, Schönheit oder Psyche vermittelt NIVEA verhaltensbezogene Erlebnisse, indem dazu animiert wird, sich mehr dem eigenen Wohlbefinden zu widmen und seinen Lebensstil gesund zu gestalten (*NIVEA* o.J.f).

Die Themen „Markenhistorie" und „Markenvideos" unter dem Menüpunkt „NIVEA Welt" schaffen zusätzlich emotionale Bindung zwischen Nachfrager und Marke. Mit der Markenhistorie wird vor allem der traditionelle Wert der Marke hervorgehoben. Neben dem 100- jährigen Bestehen der Marke werden hier auch kultige Werbeklassiker der Marke vorgestellt (s. *Abb. 7*) (*NIVEA* o.J.g).

---

[3] Ursprünglich in den dreißiger Jahren als 3D- Form der NIVEA Dose erfunden, wurde der Wasserball erst in den 1960ern so richtig populär. Seit dem vereint er Freunde und Familie am Strand und im Urlaub. In den letzten 40 Jahren wurden über 20 Millionen NIVEA Bälle produziert (*NIVEA* o.J.d).

1938
Deutschland

1958
Großbritannien

1967
Deutschland

1986
Deutschland

Abb. 7: NIVEA Werbeklassiker (Quelle: NIVEA o.J.g)

Alle diese Werbebotschaften haben gemeinsam, dass sie jugendliche Frische verbildlichen. Eigenschaften des Produktes, wie das Fördern einer straffen Haut, werden bspw. durch die straffe Haut einer Sportlerin veranschaulicht (*Fährmann* 2006, S. 48 f.). Als Bildumgebung wird von NIVEA meist die freie Natur gewählt, so auch in den obigen Beispielen. Neben den typischen Farben weiß und blau, gilt auch der NIVEA Ball in vielen Werbebotschaften als Symbol der Marke.

Im Rahmen des in Kapitel 5 erwähnten Belohnungssystems nach Scheier und Held (2010, S. 208 f.) liegt die Anziehungskraft der Marke NIVEA in der Ansprache von Geborgenheit, Fürsorge, Geselligkeit sowie Vater- und Mutterliebe. Bekannte Beispiele hierfür sind auch die Videos mit NIVEAs „kleinem Helden" zum Mutter-/Vatertag oder zu Weihnachten.

Dabei handelt es sich bei den Videos nicht um Produktwerbung – zumindest nicht vorrangig – sondern es wird lediglich eine alltägliche Familiensituation dargestellt, die dem Konsumenten ein Gefühl von Geborgenheit und Zugehörigkeit vermittelt. An diesem Beispiel wird deutlich wie NIVEA die Marke in Form von Videos lebendig werden lässt und dem Konsumenten emotionale Erlebnisse vermittelt. Auf der Website heißt es zu den Videos: „Erinnern Sie sich noch daran, wie Ihre Mama morgens immer sanft Creme auf Ihren Bäckchen verteilte? Danach noch ein kleiner Tupfer auf die Nase und schon konnte der Tag starten. Von Kindesbeinen an begleitet uns NIVEA. Und so steckt auch heute noch in jedem unserer Produkte dieses ganz besondere Stück Wohlbefinden, das NIVEA seit über 100 Jahren ausmacht." (*NIVEA* o.J.h)

Facebook
Pünktlich zum 100-jährigen Geburtstag im Jahr 2011 wurde der Facebook Kanal der Marke NIVEA eröffnet (*Facebook* o.J.a). Über 15 Millionen Fans (Stand: Dezember 2015) folgen aktuell dem Facebook-Auftritt der Marke. Neben dem allgemeinen NIVEA Deutschland Auftritt gibt es einen NIVEA Men Deutschland Auftritt, der von mehr als 4 Millionen Facebook-Nutzern (Stand: Dezember 2015) verfolgt wird (*Facebook* o.J.b). Letzterer wird nachfolgend jedoch nicht näher analysiert.

Der Facebook-Auftritt von NIVEA ist im Vergleich zu anderen Markenauftritten simpel gehalten. Neben den üblichen Funktionen bietet NIVEA die Möglichkeit sich für den Newsletter einzutragen, wobei auf weitere

Tabs verzichtet wird (*Facebook* o.J.a). NIVEA konzentriert sich vielmehr auf regelmäßige Beiträge und die Interaktion mit den Fans. Einige Beispiele hiervon werden nachfolgend näher beschrieben. Wenn nicht anders kenntlich gemacht, wird hier ausschließlich die Chronik des NIVEA Facebook-Auftrittes als Quelle herangezogen (*Facebook* o.J.a).

Auch in den folgenden Jahren des 100-jährigen Markengeburtstages nutzt NIVEA jede Gelegenheit, um historische Momente aufleben zu lassen – seien alte Werbebotschaften, Beiträge zum kultigen NIVEA Ball oder persönliche Geschichten ehemaliger NIVEA Models (*s. Abb. 17* im Anhang). Auf diese Art und Weise lässt die Marke Konsumenten immer wieder an persönliche Momente vergangener Jahre denken, die vielleicht auch sie mit NIVEA verbinden.

In der Bildkommunikation auf Facebook sind immer wieder ähnliche emotionale Botschaften zu erkennen. So werden z. B. immerzu ein Gemeinschaftsgefühl sowie Liebe und Geborgenheit vermittelt, indem auf den Zusammenhalt von Freunden und Familie eingegangen wird (*s. Abb. 18* im Anhang). Wie bereits im Rahmen der Website-Analyse erwähnt, geht NIVEA auch mit den liebevollen Videos zum „kleinen Helden" auf die Emotionsfelder Fürsorge sowie Vater- und Mutterliebe ein. Der Erfolg der Videos ist nicht zuletzt auch an der hohen Anzahl an Likes auf Facebook zu erkennen.

Als Kernaussage der Botschaften von NIVEA findet man immer wieder das Leit- bzw. Schlüsselbild der Marke: die Farben weiß und blau. Durch emotionale Konditionierung wird gezielt darauf hingesteuert den Zusammenhang zwischen den Farben und der Marke in den Köpfen der Verbraucher zu verankern. Ebenso sind Wiederholungen in der Bildumgebung zu beobachten. Die Natur gilt seit jeher als beliebter Hintergrund für Werbebilder der Marke (s. *Abb. 19* im Anhang).

Auch oft auf Facebook vertreten sind die „Posts mit der Dose" (s. *Abb. 20* im Anhang). Ob mit persönlicher Ansprache („Wir müssen reden"), auf das Produkt bezogen („darf ich bei dir einziehen?") oder vor historischem Hintergrund („103 Jahre alt und noch keine Falte") – NIVEA weiß die Beliebtheit der Creme bei den Konsumenten zu schätzen und setzt diese immer wieder ein, um diese emotional anzusprechen.

Betrachtet man den gesamten Auftritt der Marke, so fällt auf, dass die Atmosphäre durchweg positiv ist. Visuell sind alle Farben stets freundlich gehalten, es scheint viel Sonne auf dem Facebook-Profil, die dargestellten Personen haben immer ein Lächeln auf den Lippen. Auch für die Produktwerbung auf Facebook wird viel Farbe eingesetzt. So wird bei der Darstellung verschiedener Duschgels auch die Bildumgebung angepasst – gelb wie die Honigmelone, grün wie die Limette und rot wie die High Heels (s. *Abb. 21* im Anhang). Mit dieser Art von Produktwerbung wird Konsumenten zum einen ein emotionaler Moment und gute Laune vermittelt, zum anderen setzt die Marke so gezielt auf Bildkommunikation und deren Wirkung im Gehirn der Verbraucher.

In Sachen Interaktion werden Fans in vielen Posts bspw. durch Fragen aufgefordert zu kommentieren. Außerdem kann immer wieder an einem Gewinnspiel teilgenommen oder vereinzelt können Gratisproduktproben angefordert werden. Auch durch die bereits erwähnte Botschafteraktion werden Konsumenten auf Facebook stets eingebunden, es wird ein soziales Erlebnis geschaffen und das Gefühl vermittelt Teil der Marke zu sein.

Eine weitere auf Facebook beworbene Aktion war der 2013 durchgeführte Weltrekord (s. *Abb. 22* im Anhang). Zusammen mit allen teilnehmenden Fans und 17.154 NIVEA Bällen wurde der Weltrekord „Die meisten Menschen, die einen Wasserball hochhalten" geknackt (*Beiersdorf* 2013). Diese Art von sozialem und emotionalem Erlebnis dient als Beispiel dafür wie die Bindung zwischen Nachfrager und Marke nachhaltig gestärkt werden kann.

YouTube

Auf dem NIVEA Brand Channel auf YouTube findet man zahlreiche Videos zu unterschiedlichen Kategorien. Diese reichen von Produktvideos, über Styling-Anleitungen und Tutorials zur Gesichtspflege, bis hin zu den bereits erwähnten Videos des „kleinen Helden" zu Weihnachten, Mutter- oder Vatertag (*YouTube* o.J.a). Eines der Videos auf NIVEAs Brand Channel, welches mit über 7 Millionen Aufrufen hervorsticht (Stand: Dezember 2015), ist der NIVEA Deo: Stresstest. Dieses Video ist ein gutes Beispiel für einen Werbespot, bei dem zunächst negative Emotionen ausgelöst werden, welche im Nachhinein durch positive abgelöst werden. In dem Video wird gezeigt wie Reisende am Flughafen nichtsahnend fotografiert werden und ihr Foto kurze Zeit später auf Anzeigen in Zeitungen und auf Bildschirmen erscheint. Dort werden sie als Verdächtige auf der Flucht dargestellt. Nach einem kurzen Schockmoment werden die betroffenen Personen von Polizeibeamten überrascht, die ihnen das NIVEA Stress Deo zur Beruhigung anbieten (*YouTube* o.J.b).

Während NIVEA in den Videos zum Mutter- und Vatertag („Danke Mama" und „Danke Papa") die üblichen Emotionsfelder Fürsorge, Geborgenheit, Vater- und Mutterliebe anspricht, zielt das Stresstest Video, in Bezug auf das zu bewerbende Produkt, auf Spannung und Adrenalin (*YouTube* o.J.a). Spannung in Werbespots wirkt sich in der Regel in emotionaler Einbindung aus, was auch an der vielen Kritik zum Stresstest Werbespot zu erkennen war. So fielen auf Facebook und YouTube u. a. Begriffe wie „gefährlich", „geschmacklos" und „eine beschissene Erfahrung mit der Marke NIVEA" (s. *Abb. 23* im Anhang). Auffällig ist dennoch, dass das Stresstest Video, im Vergleich zu anderen Werbespots, eine sehr viel höhere Reichweite erzielte. An dieser Stelle sei noch einmal auf das episodische Gedächtnis im menschlichen Gehirn verwiesen, welches dafür da ist sich spannende Geschichten zu merken.

7.3 Empirische Erhebung: Vermittlung emotionaler Erlebnisse durch die Markenkommunikation 2.0

7.3.1 Methodik

Um Aufschluss über die emotionale Erlebnisvermittlung im Web 2.0 zu erhalten, wurde in einem Zeitraum von drei Wochen eine Online-Befragung[4] durchgeführt. Aufgrund der zugrundeliegenden Thematik und der Internetnutzer als hierfür relevante Zielgruppe, bot sich das Internet als ideale Plattform für die Datenerhebung an.

---

[4] Online-Befragungen lassen sich durch die Reichweite des Internets gut verbreiten, sind einfach durchzuführen und kostengünstig. Ein Nachteil liegt in der Repräsentativität. Da die Grundgesamtheit der Internetnutzer nicht definiert ist, stellt sie kein wirklichkeitsgetreues, verkleinertes Abbild der Gesamtmasse dar. Des Weiteren ist die Stichprobenziehung in der Regel passiv (Selbstselektion) (*Berekoven/Eckert/Ellenrieder* 2009, S. 106 ff.; *Ebster/Stalzer* 2013, S. 168 ff.; *Wagner/Hering* 2014, S. 663).

Im Rahmen der Online-Befragung sollten Konsumenten zu ihrem Online-verhalten sowie zu ihrer Einstellung gegenüber Marken-Websites und Markenauftritten auf Facebook befragt werden. Außerdem sollte die Befragung dazu dienen Aufschluss über feststellbare Veränderungen von Emotionen durch Online-Kommunikationsmaßnahmen zu erhalten sowie die Wirkung dieser auf Konstrukte wie Markeneinstellung, Markenvertrauen, Markenimage und Markenbindung zu untersuchen.

Der Fragebogen wurde dabei so aufgebaut, dass er aus vier Frageblöcken mit insgesamt 22 Fragen bestand. Der erste Teil umfasste die Ermittlung demografischer Daten der Teilnehmer. Fragenblock zwei bezog sich auf Fragen zum Onlineverhalten der Teilnehmer und beinhaltete einen Filter, der dazu diente Personen, die keinen Facebook Account besitzen oder noch nie die Website von Marken/Unternehmen besucht haben, direkt zu Fragenblock drei weiterzuleiten. Im dritten Teil der Befragung wurde gebeten Stellung zu Aussagen zu beziehen, welche inhaltliche Aspekte der Facebook-Seite einer Marke oder der Website einer solchen abfragten. Außerdem wurden Fragen zu Markenprodukten allgemein sowie Marken von Hautpflegeprodukten gestellt. Im letzten Teil der Befragung wurde dann auf die Marke NIVEA eingegangen. Hier wurden das Markenimage, die Markeneinstellung, das Markenvertrauen und die Markenbindung abgefragt. Außerdem wurde sowohl das Empfinden bei dem Gedanken an die Marke, bei Betrachten von Botschaften in Form von Bildern/Posts auf Facebook sowie vor und nach Betrachten des zuvor erwähnten NIVEA Deo: Stresstest Videos abgefragt. Abgeschlossen wurde die Befragung, indem erneut nach der Markeneinstellung, dem Markenvertrauen und der Markenbindung gefragt wurde. Für den Aufbau des Fragebogens war es im Vorhinein notwendig einige der Variablen zu operationalisieren.

7.3.2 Operationalisierung der Variablen

Um bestmögliche Antworten auf einzelne Variablen zu erlangen, gilt es bei der Erstellung von Fragebögen zunächst geeignete Items festzulegen. Dies können bspw. Fragestellungen, Aussagen oder Meinungen sein, auf die die Befragten zu antworten gebeten werden. Die Antwortoptionen unterscheiden sich dabei je nach Frage. Neben Fragen, auf die offen geantwortet werden kann, gibt es dichotome Fragen (Ja/Nein), welche die klare Zustimmung und Ablehnung erfordern oder aber auch Fragen im Multiple-

Choice-Format, die es erlauben mehrere Antwortmöglichkeiten zu geben. Eine weitere Möglichkeit, die vor allem bei psychometrischen Fragebögen Anwendung findet, sind Antwortskalen. Diese werden von Befragten als weniger extrem erlebt, da hier nicht komplett zugestimmt oder abgelehnt werden muss. Anhand sogenannter Likert-Skalen (bspw. „stimme völlig zu" bis „stimme gar nicht zu") lassen sich Merkmalsausprägungen je nach Anzahl der Abstufungen genauer bewerten. In der Regel erfolgt dies durch Zustimmungsskalen mit 7+/-2 Stufen (*Kallus* 2010, S. 39 ff.).

Operationalisierung der Markenbekanntheit
Die Markenbekanntheit gilt als grundlegende Basis dafür, dass sich Konsumenten ein Image von einer Marke bilden können. Nur wenn eine Markenbekanntheit vorhanden ist, können Marken Bilder und Assoziationen hervorrufen. Um die Markenbekanntheit zu erfragen, kann auf zwei Methoden zurückgegriffen werden: die aktive (ungestützte) und passive (gestützte) Befragung. Der Unterschied liegt darin, dass bei der aktiven Markenbekanntheit zur spontanen Nennung bekannter Marken einer bestimmten Produktkategorie gebeten wird, während bei der passiven Markenbekanntheit eine Gedächtnisstütze (z.B. in Form von Abbildungen einer Marke) vorgelegt wird (*Macdonald/Sharp* 2003, S. 2 f.; *Möll* 2007, S. 31 f.). Bei einer aktiven Befragung beschreibt man die von den Befragten zuallererst genannte Marke auch als Top-of-Mind (*Möll* 2007, S. 31). Im Rahmen dieser Befragung wurde auf die ungestützte Form zurückgegriffen („Wenn Sie an Hautpflegeprodukte denken, welche drei Marken fallen Ihnen spontan ein?").

Operationalisierung des Markenimages
Das Markenimage kann beschrieben werden als die Wahrnehmung einer Marke, die aufgrund einer Vielzahl von Assoziationen im Gedächtnis der Konsumenten entsteht. Die mit einer Marke verknüpften Assoziationen sind deswegen erfolgsentscheidend, weil sie Marken ihre Bedeutung verleihen und dazu dienen sich von anderen Marken zu differenzieren.
Bei der Messung des Markenimages kann zwischen der quantitativen und qualitativen Methode unterschieden werden. Während bei der quantitativen Methode eine Liste von Assoziationen vorgegeben und die Konsumenten zur Einordnung der Marke gebeten werden, setzt die qualitative

Methode auf die Imagemessung durch Assoziationstests. Letztere Methode ermöglicht es die komplette Bandbreite an Assoziationen zu erfassen, zu interpretieren und nach Art und Einzigartigkeit zu klassifizieren (*Chandon* 2003, S. 3 f.; *Möll* 2007, S. 31 f.). Für die Online-Befragung wurde die qualitative Methode mit der Frage „Welche Stichworte fallen Ihnen zu der Marke NIVEA ein?" gewählt.

Operationalisierung der Markenbindung/-einstellung und des Markenvertrauens

Die Größen Markenbindung, Markeneinstellung und Markenvertrauen sind komplexe Konstrukte, deren Messung eine mehrdimensionale Betrachtung bedarf (*Homburg/Giering* 1996, S. 5). Da der Fokus vorliegender Untersuchung nicht auf der Messung dieser Konstrukte liegt, wurden diese lediglich anhand von Aussagen und der Zustimmung auf einer Likert-Skala gemessen. Die Markenbindung[5] gibt an inwieweit Konsumenten eine – idealerweise dauerhafte – Bindung mit einer Marke eingehen und diese anderen Marken vorziehen würden. Besteht eine Markenbindung zwischen Konsument und Marke, ist das ein Zeichen von Zufriedenheit, was letztlich zu Markenloyalität führen kann. Die Markenbindung kann z. B. gemessen werden am Grad des Bedauerns, wenn eine Marke nicht mehr vorhanden wäre (s. *Tab. 2*). Die Markeneinstellung beschreibt die mehr oder weniger dauerhafte Haltung gegenüber einer Marke. Aus affektiver Sicht ist die Markeneinstellung die gefühlsmäßige Bewertung einer Marke und kann bspw. am Grad der Zufriedenheit mit der Entscheidung für eine Marke gemessen werden (s. *Tab. 3*). Markenvertrauen ist, im Gegensatz zur Markenbekanntheit, ein langfristiges Markenguthaben. Voraussetzung ist die Basis einer Beziehung zwischen Konsument und Marke sowie eine gewisse Grundzufriedenheit mit der Marke. Markenvertrauen kann als das Resultat aller Erfahrungen und Erlebnisse mit einer Marke gesehen werden und wird deswegen oft über Jahre hinweg aufge-

---

[5] Abzugrenzen gilt die Markenbindung von dem Begriff Kundenbindung. Während sich letzteres auf eine interaktive Geschäftsbeziehung zwischen Personen und Institutionen bezieht, gilt die Markenbindung als ein weitgehend anonymes Beziehungsgeschehen (*Diller* 1996, S. 82).

baut (s. *Tab. 4*). In der Regel kann bei traditionsreichen Marken ein höherer Grad der Vertrautheit festgestellt werden (*Berekoven/Eckert/Ellenrieder* 2009, S. 283 f.; *Deari/Balla* 2013, S. 64 f.; *Möll* 2007, S. 143 f.).

Ich würde es bedauern, wenn die Marke NIVEA nicht mehr vorhanden wäre	trifft zu ○	trifft eher zu ○	weder/noch ○	trifft eher nicht zu ○	trifft nicht zu ○	k.A. ○

*Tab. 2: Operationalisierung der **Markenbindung** (Quelle: Eigene Darstellung, in Anlehnung an Diehl 2002, S. 192 ff.; Esch/Möll 2010, S. 153)*

Ich habe eine positive Einstellung gegenüber der Marke NIVEA	trifft zu ○	trifft eher zu ○	weder/noch ○	trifft eher nicht zu ○	trifft nicht zu ○	k.A. ○
Die Marke NIVEA zu kaufen ist für mich eine gute Entscheidung	trifft zu ○	trifft eher zu ○	weder/noch ○	trifft eher nicht zu ○	trifft nicht zu ○	k.A. ○

*Tab. 3: Operationalisierung der **Markeneinstellung** (Quelle: Eigene Darstellung, in Anlehnung an Diehl 2002, S. 192 ff.; Walsh et al. 2013, S. 70)*

Ich empfinde die Marke NIVEA als vertrauenswürdig	trifft zu ○	trifft eher zu ○	weder/noch ○	trifft eher nicht zu ○	trifft nicht zu ○	k.A. ○

*Tab. 4: Operationalisierung des **Markenvertrauens** (Quelle: Eigene Darstellung, in Anlehnung an Diehl 2002, S. 192 ff.; Esch/Möll 2010, S. 153)*

Operationalisierung von Emotionen

Für die Wahl markenrelevanter Emotionen kann u. a. Bezug genommen werden auf *Winder* (2006, S. 105). Dieser untersuchte im Rahmen einer Studie die Relevanz von Primäremotionen nach Plutchik in Bezug auf Marken. Der Studie nach weisen sechs der acht Basisemotionen (Freude, Vertrauen, Ekel, Erwartung, Ärger und Angst) eine hohe Relevanz im Marketing auf, während die Emotionen Überraschung und Traurigkeit nur von geringerer Bedeutung sind. Neben den acht Basisemotionen konnten auch Sekundäremotionen nachgewiesen werden, die eine Relevanz für Marken darstellen. In Anlehnung hieran wurde für die Datenerhebung dieser Arbeit die Emotion Ekel durch die Emotion Langeweile ersetzt (*Stür-*

mer/Schmidt 2014, S. 64). Im zuvor dargestellten Circumplex Modell befinden sich beide Emotionen im Bereich „unangenehm-ruhig", jedoch scheint Ekel nach eigenem Ermessen eine weniger geeignete Emotionsform für die Beurteilung von Marken zu sein.

Für die Verwendung im Fragebogen wurden jeder ausgewählten Emotion Items in Form von Adjektiven zugeordnet (s. *Tab.5*).

Emotion	Adjektive/ Items
Positive Emotionen	
Freude	erfreut, glücklich, froh
Vertrauen	vertraut, verlässlich, hoffnungsvoll
Überraschung	überrascht, verblüfft, erstaunt
Erwartung	aufmerksam, konzentriert, wach
Negative Emotionen	
Traurigkeit	niedergeschlagen, traurig, entmutigt, besorgt
Angst	ängstlich, bange, erschrocken
Langeweile	gelangweilt, unerfüllt, unbeeindruckt
Ärger	aufgebracht, zornig, irritiert, frustriert

Tab. 5: Operationalisierung von Emotionen (Quelle: Kroeber-Riel/Weinberg/Gröppel-Klein 2009, S. 136 ff.; Möll 2007, S. 58; Stürmer/Schmidt 2014, S. 266; Thyri 2003, S. 74; Winder 2006, S. 99 ff.)

Die Messung von Emotionen erfolgt in der Regel in Form einer Likert-Skala. In diesem Fall wurde ein unipolares siebenstufiges Antwortformat gewählt (s. *Tab. 6*).

Inwieweit fühlen Sie sich...	stimme völlig zu					stimme gar nicht zu	k.A.
glücklich	○	○	○	○	○	○ ○	○
vertraut	○	○	○	○	○	○ ○	○

Tab. 6: Likert-Skala zur Emotionsmessung (Quelle: Eigene Darstellung, in Anlehnung an Diehl 2002, S. 192 ff.; Esch/ Möll 2010, S. 153; Schmidt/ Stürmer 2014, S. 118)

Für die Darstellung der Emotionen im dimensionalen Modell war es ferner notwendig die Dimensionen Valenz und Arousal, anhand von je drei Items für den negativen und positiven Pol, abzufragen (s. *Tab. 7*). Die anschließende Auswertung kann im Allgemeinen zusammengefasst oder separat für den positiven oder negativen Pol erfolgen (*Kallus* 2010, S. 39 ff.; *Stürmer/Schmidt* 2014, S. 123; *Thyri* 2003, S. 74).

		stimme völlig zu					stimme gar nicht zu	k.A.
positiv	gut	○	○	○	○	○	○ ○	○
	erfreut	○	○	○	○	○	○ ○	○
	zufrieden	○	○	○	○	○	○ ○	○
negativ	schlecht	○	○	○	○	○	○ ○	○
	genervt	○	○	○	○	○	○ ○	○
	unzufrieden	○	○	○	○	○	○ ○	○

Tab. 7: Operationalisierung von Emotionen (Quelle: Eigene Darstellung, in Anlehnung an Schmidt/ Stürmer 2014, S. 123; Thyri 2003, S. 74)

7.3.3 Ergebnisse

Vor der Auswertung der Daten konnten vor allem im Bereich der Emotionsangaben einige fehlende Werte festgestellt werden. Um so viele Datensätze wie möglich bei der Auswertung berücksichtigen zu können, wurden die fehlenden Werte zunächst ergänzt. Hierbei wurde das Verfahren des statistischen Matchings angewendet. Dies ist ein Verfahren, bei dem fehlende Werte imputiert werden, was bedeutet, dass für eine fehlende Variable X (z. B. das Empfinden „erfreut") in einem Datensatz Y nach einem oder mehreren statistischen Zwillingen gesucht wird. Der statistische Zwilling darf sich in den Variablen Xi (z. B. Geschlecht, Alter, das Empfinden „gut", „angespannt" usw.) nur geringfügig oder gar nicht von Y unterscheiden. Auf diese Weise kann der fehlende Wert für Y geschätzt und alle Datensätze können verwendet werden (*Bacher* 2002, S. 40).

Insgesamt konnten im Laufe der drei Wochen 115 gültige Fragebögen erfasst werden. Die geschlechtsspezifische Verteilung belief sich dabei zu 73,7% auf weibliche und zu 26,3% auf männliche Befragte, was die mehrheitlich weibliche Kundengruppe von NIVEA aufgreift. Der Großteil der Teilnehmer (76,3%) war zwischen 20 und 29 Jahre alt. 14% der Befragten waren zwischen 30 und 39 Jahre alt und in den Altersgruppen 50-59 und 60-69 konnten jeweils 3,5% gezählt werden. Ein großer Teil der Befragten gab an Studenten/Schüler/Auszubildende (50,9%) zu sein. Knapp dahinter lagen mit 43,9% die Berufstätigen. Einen verhältnismäßig geringen Anteil machten dagegen Rentner/Pensionäre sowie Arbeitssuchende aus.

Im Folgenden werden die Auswertungen zu den Themen Bildkommunikation auf Facebook (Auswertung 1), NIVEA Deo: Stresstest (Auswertung 2), Markeneinstellung, -bindung und -vertrauen (Auswertung 3) sowie der NIVEA Deo: Stresstest im Vergleich (Männer vs. Frauen und Medienerfahrene vs. -unerfahrene) (Auswertungen 4 und 5) vorgestellt.

Auswertung 1 – Bildkommunikation auf Facebook

Ein erfolgreich kommuniziertes emotionales Erlebnis sollte aktivierend wirken und bestenfalls angenehme, positive Emotionen auslösen. Hierfür eignet sich vor allem die Bildkommunikation. Um die tatsächliche emotionale Wirkung einer Bildkommunikation zu prüfen, wurde auf einer siebenstufigen Likert-Skala anhand ausgewählter Adjektive (s. *Abb. 8*) sowohl die Valenz als auch das Arousal bzw. die Intensität gemessen. Auf die Frage „Wenn Sie diese Bilder betrachten, inwieweit lässt sich Ihr Empfinden folgendermaßen beschreiben..." sollte zu jedem Adjektiv der Grad der Zustimmung angegeben werden, von 1= „stimme völlig zu" bis 7=„stimme gar nicht zu", mit Möglichkeit zur Enthaltung (=0). Für die

Darstellung der Ergebnisse wurden sowohl für die Valenz als auch die Erregungszustände die Mittelwerte berechnet:

	Valenz		Arousal	
	positiv	negativ	hoch	niedrig
Mittelwert	2,142	5,855	4,942	3,809

Tab. 8: Auswertung 1 – Bildkommunikation

Entsprechend der siebenstufigen Zustimmungsskala lässt sich anhand von *Tab. 8* erkennen, dass positiven Emotionen eher zugestimmt und negative Emotionen eher abgelehnt wurden. Die Mittelwerte des Arousal deuten darauf hin, dass eine hohe Erregung eher abgelehnt und einer niedrigen Erregung eher zugestimmt wurde. Grafisch lässt sich dies folgendermaßen darstellen:

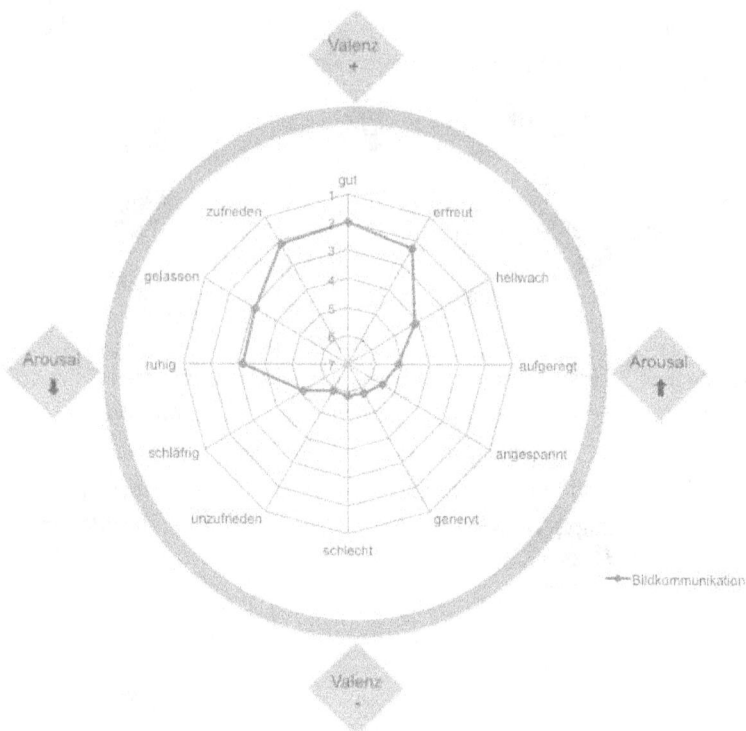

Abb. 8: Auswertung 1 – Bildkommunikation auf Facebook

Das Circumplex-Modell in *Abb. 8* zeigt 12 Adjektive, anhand derer die Valenz und die Erregung gemessen wurden (je drei Adjektive für die negative und positive Ausprägung). Die siebenstufige Likert-Skala wird hier anhand der Kreise dargestellt. Dabei steht der äußerste Kreis für 1 = positiv (Valenz) bzw. aktivierend/erregt (Arousal), der Kreis im Inneren dementsprechend für 7 = negativ (Valenz) bzw. deaktivierend/unerregt (Arousal). Wie zuvor schon aus den Mittelwerten abgeleitet, lässt sich auch anhand der Grafik die Zustimmung in Richtung positiver Valenz erkennen. Jedoch fühlten sich die Befragten durch die Bildkommunikation eher ruhig und gelassen als hellwach und aufgeregt. Daraus lässt sich schließen, dass die Bildkommunikation positive Emotionen hervorgerufen, jedoch nicht aktivierend gewirkt hat.

Auswertung 2 – NIVEA Deo: Stresstest

Der NIVEA Deo: Stresstest ist ein typisches Beispiel dafür wie negative Emotionen vermittelt werden, um im Anschluss daran von positiven abgelöst zu werden. NIVEA setzt in dem Stressspot, entgegen des eigentlichen Belohnungssystems, nicht auf Fürsorge und Geborgenheit, sondern auf Aufregung und Spannung. Es wurde deswegen untersucht inwieweit sich eine Veränderung des emotionalen Befindens nach Betrachten des Spots feststellen lässt. Hierzu wurden die Basisemotionen anhand von Adjektiven vor und nach Betrachten des Spots abgefragt („Wie fühlen Sie sich im Moment?" bzw. „Wie fühlen Sie sich nach Betrachten des Videoclips?"). Der Grad der Zustimmung konnte von den Befragten wieder auf einer siebenstufigen Skala (oder Enthaltung) angegeben werden. Für jede Emotion wurde bei der Auswertung dann vor und nach Betrachten des Videos der Mittelwert berechnet:

Emotion Mittelwert	Freude	Vertrauen	Überraschung	Erwartung	Traurigkeit	Angst	Langeweile	Ärger
vorher	2,687	2,652	4,957	2,748	5,261	6,330	4,296	5,617
nachher	2,870	3,896	2,985	3,017	5,722	5,417	5,426	5,591

Tab. 9: Auswertung 2 – NIVEA Deo: Stresstest

Anhand der Mittelwerte in *Tab. 9* lässt sich bereits erkennen, dass den Emotionen Freude und Vertrauen im Nachhinein weniger zugestimmt wurde. Die Überraschung stieg deutlich an, während die Erwartung zurückging. Die Befragten empfanden mehr Angst nach Betrachten des Videos, waren stattdessen aber weniger traurig gestimmt. Die Langeweile ging deutlich zurück, während die Emotion Ärger sich nur minimal positiv veränderte.

Folgende Grafik stellt die beschriebenen Veränderungen noch deutlicher dar:

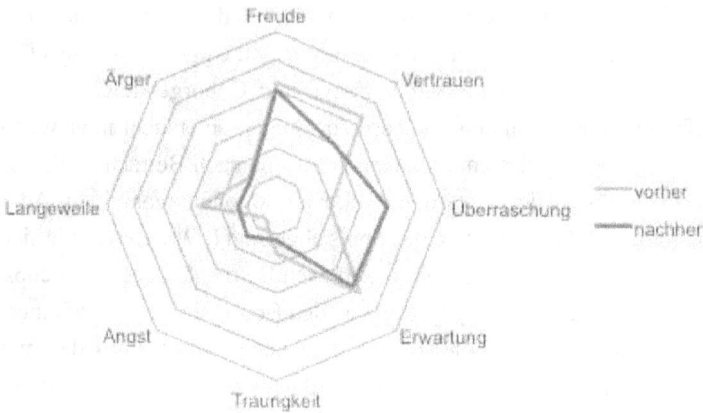

Abb. 9: Auswertung 2 – NIVEA Deo: Stresstest

Die Emotionen sind in *Abb. 9* wieder kreisförmig dargestellt. Diesmal jedoch anhand der acht Basisemotionen. Diese sind am äußeren Kreis angeordnet, welcher wieder für die stärkste Zustimmung (=1) steht. Je kleiner der Kreis, desto schwächer die Zustimmung. Im Vergleich sind hier die Mittelwerte vor Betrachten des Videos (hellgrau) und danach (dunkelgrau) dargestellt. Grafisch sehr deutlich zu erkennen ist die Veränderung der Emotion Überraschung. Daraus lässt sich ableiten, dass das Video besonders erregend gewirkt haben muss. Denn parallel dazu ging auch das Empfinden von Langeweile zurück. Es lässt sich außerdem feststellen, dass die Emotionen nach Betrachten des Videos weniger positiv geprägt waren (zu erkennen an „Freude" und „Vertrauen"). Die Vermittlung von Aufregung und Spannung hat außerdem bewirkt, dass die Traurigkeit zurückging. Betrachtet man also die stärkste Zustimmung nach Betrachten des Videos, so lässt sich feststellen, dass den Emotionen Freude und Überraschung am stärksten zugestimmt wurde. Dies lässt darauf schließen, dass sich das Video dafür eignet, um Emotionen zu wecken und ein emotionales Erlebnis zu vermitteln.

Auswertung 3 – Markeneinstellung, Markenbindung und Markenvertrauen

Emotionale Werbebotschaften haben zum Ziel die Konsumenten langfristig an das Unternehmen bzw. die Marke zu binden. Die Marke NIVEA hat es geschafft in den Köpfen vieler Konsumenten den Platz der Vertrauensmarke einzunehmen. Doch nicht nur das Markenvertrauen, auch andere Zielgrößen wie die Markeneinstellung oder -bindung sind entscheidende Faktoren für den Erfolg eines Unternehmens. Aus diesem Grund wurden die Befragten zu Beginn und am Ende der Umfrage jeweils gebeten den Grad der Zustimmung in Bezug auf Aussagen zu Markeneinstellung, -vertrauen und -bindung anzugeben. Angaben konnten hier auf einer fünfstufigen Likert-Skala gemacht werden. Anhand der berechneten Mittelwerte wird der Vergleich nachfolgend veranschaulicht:

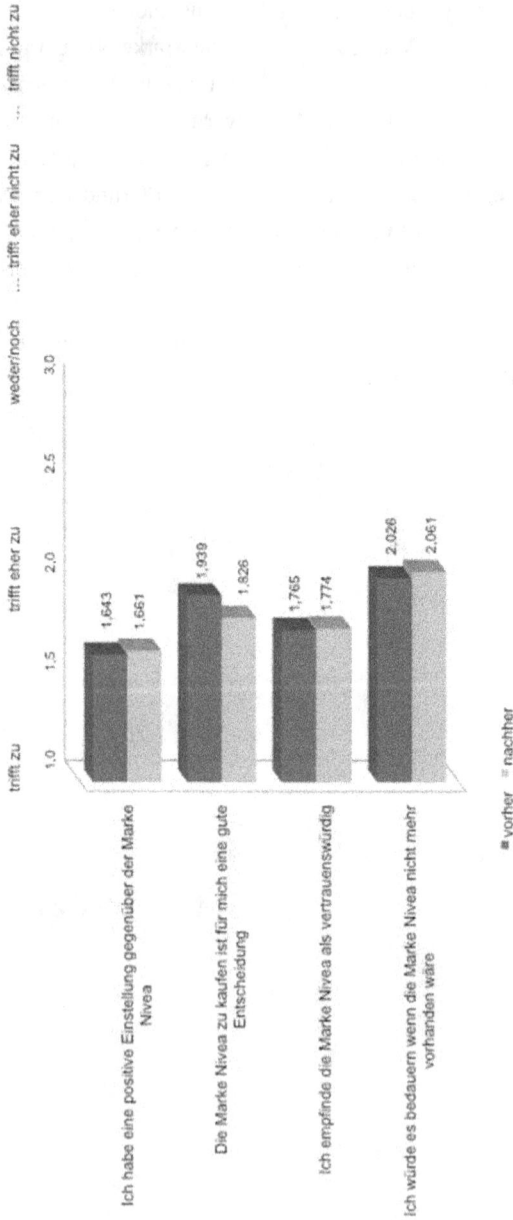

trifft zu ... trifft eher zu ... weder/noch ... trifft eher nicht zu ... trifft nicht zu

Ich habe eine positive Einstellung gegenüber der Marke Nivea
- vorher: 1,643
- nachher: 1,661

Die Marke Nivea zu kaufen ist für mich eine gute Entscheidung
- vorher: 1,939
- nachher: 1,826

Ich empfinde die Marke Nivea als vertrauenswürdig
- vorher: 1,765
- nachher: 1,774

Ich würde es bedauern wenn die Marke Nivea nicht mehr vorhanden wäre
- vorher: 2,026
- nachher: 2,061

■ vorher ■ nachther

Abb. 10: Auswertung 3 – Markeneinstellung/-bindung/-vertrauen

Abb. 10 zeigt im linken Bereich von oben nach unten die jeweiligen Aussagen zu Markeneinstellung (Aussage 1 und 2), Markenvertrauen (Aussage 3) und Markenbindung (Aussage 4). Der Wertebereich geht analog zur fünfstufigen Likert-Skala im Fragebogen von 1 = „trifft zu" bis 5 =„trifft nicht zu". Aus Darstellungsgründen wird nur der für die Auswertung relevante Bereich von 1 bis 3 dargestellt. Der dunkelgraue Balken zeigt die jeweiligen Angaben zu Beginn des Fragebogens, während der hellgraue Balken die Zustimmungen am Ende der Befragung darstellt. Während sich bei den Aussagen 1 und 3 kaum bis gar keine Unterschiede erkennen lassen, zeigt Aussage 2 einen deutlicheren Unterschied. Der Aussage „Die Marke NIVEA zu kaufen ist für mich eine gute Entscheidung" wurde am Ende der Befragung häufiger zugestimmt als zu Beginn. Dies lässt auf eine positive Veränderung der Markeneinstellung schließen. Auch in Bezug auf die Markenbindung lässt sich eine Veränderung erkennen. Jedoch ist diese, ebenso wie bei Aussage 1 und 3, negativ. Es lässt sich also festhalten, dass die Befragung lediglich positiven Einfluss auf die Markeneinstellung hatte.

An dieser Stelle sei jedoch hinzuzufügen, dass ebenso Aussage 1 die Messung der Markeneinstellung darstellt und hier eine tendenziell negative Veränderung festgestellt werden konnte. Demnach kann im Rahmen der durchgeführten Befragung keine feste Aussage über den tatsächlichen Einfluss auf die genannten Größen gemacht werden.

Auswertungen 4 und 5 – Konsumentengruppen im Vergleich
In Anlehnung an die bereits durchgeführten Auswertungen ist es ferner interessant herauszufinden, ob sich Unterschiede bezüglich der Emotionen feststellen lassen, wenn man die Teilnehmer in Konsumentengruppen einteilt. Hierzu sollen die Befragten einmal geschlechtsspezifisch bezüglich der Wirkung der Bildkommunikation betrachtet werden. Des Weiteren soll herausgefunden werden ob Personen, die im Marketing-/Medienbereich tätig sind/waren, anders auf den NIVEA Deo: Stresstest reagieren als Personen, die angegeben haben nicht in besagtem Bereich tätig (gewesen) zu sein. Für die genaue Vorgehensweise wird auf Auswertung 1 (Bildkommunikation) bzw. Auswertung 2 (NIVEA Deo: Stresstest) verwiesen.

Nachfolgend sollen lediglich die grafischen Darstellungen näher beschrieben werden. Zunächst werden die Emotionen männlicher und weiblicher Teilnehmer in Bezug auf die Bildkommunikation gegenübergestellt:

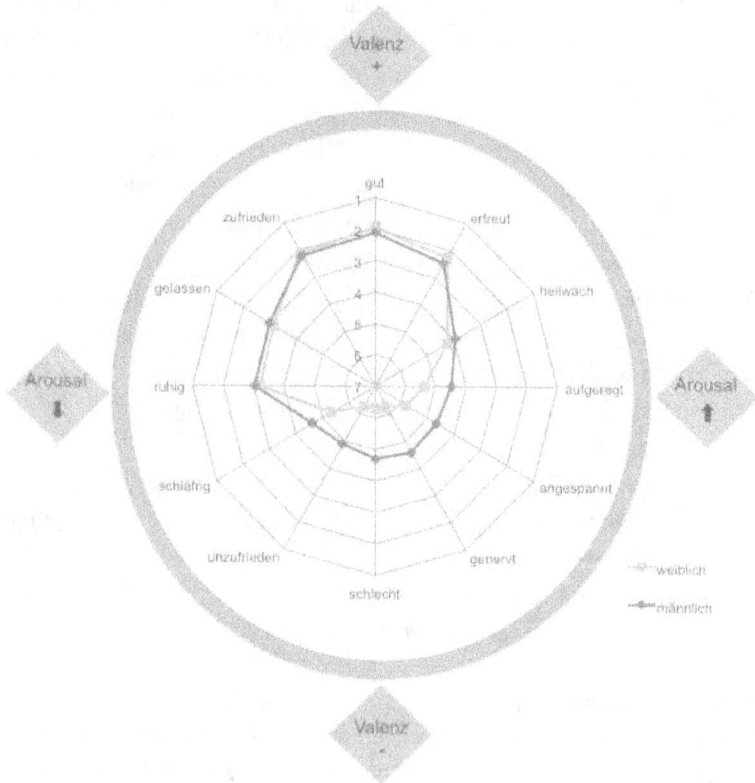

Abb. 11: Auswertung 4 – Bildkommunikation im geschlechtsspezifischen Vergleich

In *Abb. 11* werden die Emotionen abermals anhand von Adjektiven im Circumplex-Modell veranschaulicht. Die Likert-Skala wird wieder von außen (1) nach innen (7) dargestellt. Dieses Mal werden die Befragten jedoch getrennt (männlich=dunkelgrau/ weiblich=hellgrau) betrachtet. Während die von der Bildkommunikation hervorgerufenen Emotionen „ruhig", „gelassen" und „zufrieden" in ihrer Intensität fast gleich sind, lässt sich feststellen, dass die Männer sich weniger gut fühlten sowie weniger erfreut waren als die Frauen. Dies bestätigt auch der deutlich höhere Zustimmungsgrad der Männer bezüglich der Emotionen „unzufrieden", „schlecht" und „genervt". Dafür lässt sich bei den männlichen Befragten jedoch ein höherer Aktivierungsgrad feststellen. So fühlten sich diese wacher, aufgeregter und angespannter als die Frauen.

Der Vergleich der Konsumentengruppen „im Marketing-/Medienbereich tätig" und „nicht im Marketing-/Medienbereich tätig" wird anhand *Abb. 12* bzw. *Abb. 13* verdeutlicht:

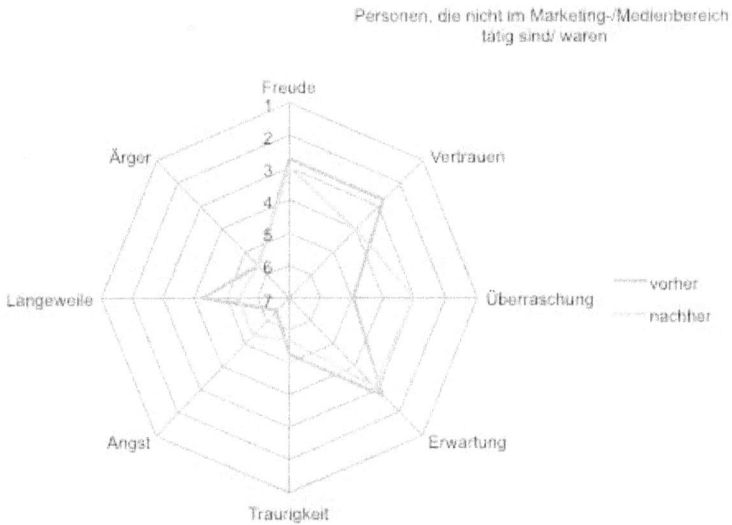

Abb. 12: Auswertung 5a – NIVEA Deo: Stresstest im Vergleich, Konsumentengruppe 1

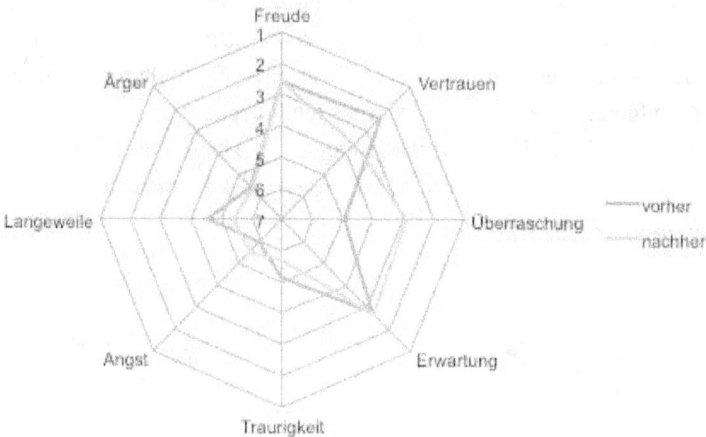

*Abb. 13: Auswertung 5b – NIVEA Deo: Stresstest im Vergleich, Konsumenten-
gruppe 2*

Insgesamt waren es 85 Personen, die angegeben haben nicht im Marke-
ting-/Medienbereich tätig (gewesen) zu sein (*Abb. 12*, Konsumentengruppe 1), während 29 der Teilnehmer in besagtem Bereich tätig sind/wa-
ren (*Abb. 13*, Konsumentengruppe 2).

Betrachtet man beide Abbildungen, fällt sofort auf, dass das Video bei beiden Konsumentengruppen ähnliche Emotionen hervorgerufen hat. Auch
was die Veränderung der Emotionen angeht, ähneln sich die Strukturen
sehr stark. Was jedoch festgestellt werden kann, ist ein größerer Rückgang
von Langeweile und die gestiegene Angst bei Konsumentengruppe 1 nach
Betrachten des Videos. Auch die Emotionen Freude und Erwartung wurden im Nachhinein weniger stark empfunden. Ebenso auffällig ist, dass
Konsumentengruppe 2 sowohl vor als auch nach Betrachten des Videos
größeres Vertrauen empfindet als Gruppe 1. Diese Erkenntnisse lassen
vermuten, dass Personen, die im Marketing bzw. in der Medienbranche
tätig sind/waren, mit weniger emotionaler Veränderung auf derartige Werbespots reagieren.

Weitere Erkenntnisse

Zum Internetverhalten der teilnehmenden Personen lässt sich sagen, dass 83% der Befragten (93 Personen) einen Facebook Account besitzen. Von 56 Personen, die angegeben haben auf Facebook mit Marken vernetzt zu sein, folgen 27 Personen bis zu fünf Marken, während sieben Personen sechs bis zehn Marken folgen. Lediglich zwei dieser Personen folgen der Marke NIVEA auf Facebook. Nur 18 von 115 Personen (15,6%) sind online bereits mit der Marke in Kontakt getreten.

Geht es um den Aufbau der Facebook-Seite ist es 45 von 93 Personen (48,4%) wichtig über Produkte bzw. das Unternehmen informiert zu werden. Lediglich 32 der Befragten (34,4%) gaben an Wert auf einen emotionalen Aspekt auf Facebook zu legen. Weniger bis gar keinen Wert scheinen Befragte auf Diskussionsteilnahmen, Gewinnaktionen oder die aktive Teilnahme an der Markengestaltung zu legen.

Von 76 Personen, die angegeben haben die Websites von Marken/Unternehmen zu besuchen, erwarten 86,8% (66 Personen) eine visuell/auditiv ansprechende Gestaltung der Website. Über Produkte und das Unternehmen wollen 63 der 76 befragten Personen (82,9%) Informationen erhalten. 33 Personen (44%) legen Wert darauf Kontakt mit dem Unternehmen aufnehmen zu können und nur 14 Personen stimmen völlig zu Wert auf Unterhaltung, im Sinne von Spielen, Gewinnaktionen und Wettbewerben, zu legen.

Ein eindeutiges Ergebnis konnte bei der Frage festgestellt werden, ob die teilnehmenden Personen die Marke NIVEA kennen. Mit einer Quote von 100% wurde diese Frage mit Ja beantwortet.

Zuvor jedoch wurde die aktive Markenbekanntheit getestet. Bei der Frage nach bekannten Marken im Hautpflegebereich wurde die Marke NIVEA von 104 Befragten genannt. Die Top-of-mind Quote, das heißt die Anzahl der Personen, die NIVEA an erster Stelle nannten, lag bei 77,9% (81 Personen). Das Markenimage bzw. die Assoziationen, die die Befragten zu der Marke nannten, sind im Folgenden abgebildet:

soft
(6)

Familie
(7)

blau
(46)

weiß

frisch (8)

Baby
(8)

bewährt
(3)

Creme
(30)

traditionell
(21)

Kind
(10)

natürlich

jung
(8)

Abb. 14: NIVEA Assoziationen (Quelle: Eigene Darstellung)

Die am häufigsten genannte Assoziation war mit 46 Nennungen „blau", gefolgt von „creme" (30) und „traditionell" (21). Diese drei Stichworte spiegeln auch wieder wofür die Marke NIVEA steht. Ebenso mehrfach genannt wurden die Stichworte weiß, Kind, Baby, Familie und soft. Hier lassen sich u. a. die Emotionsfelder Geborgenheit und Fürsorge der Marke wiedererkennen. Daneben fanden sich auch andere Assoziationen, die vereinzelt genannt wurden, wie z. B. natürlich, jung, frisch, bewährt und verlässlich.

Im Allgemeinen lässt sich sagen, dass das innere Bild der Konsumenten dem entspricht wofür die Marke steht. Viele Werte, die NIVEA nach außen transportiert, werden auch so von den Konsumenten wahrgenommen und prägen das innere Bild der Marke in den Köpfen der Konsumenten.

8 Schlussbetrachtung

Marken sind Vorstellungsbilder in den Köpfen der Konsumenten. Sie sind dynamisch, haben einen symbolischen Charakter und müssen stetig gepflegt werden. Wo früher funktionale Eigenschaften entscheidend waren, spielen heute Emotionen eine große Rolle. Marken sitzen im Autopiloten und besitzen eine unbewusste Anziehungskraft, wobei vor allem erfolgreiche Marken stark gefühlsmäßig in Konsumenten verankert sind und einen hohen Grad an emotionaler Aufladung aufweisen. Neurowissenschaftliche Erkenntnisse tragen dazu bei die Wirkung von Emotionen im Konsumenten besser zu verstehen. Und auch immer mehr Ansätze und Methoden zur Emotionsmessung dienen dazu die daraus resultierenden Reaktionen von Konsumenten zu ergründen.

Ergebnisse einer subjektiven Messung zeigen, dass sich die Bildkommunikation am Beispiel NIVEA dafür eignet positive Emotionen hervorzurufen. Am Beispiel eines Videos lässt sich im Vorher-Nachher-Vergleich ein deutlich positiver Unterschied in der Überraschung sowie eine negative Entwicklung im Vertrauen erkennen. Obwohl die empfundenen Emotionen auch beim Betrachten zweier Konsumentengruppen sehr ähnliche Strukturen zeigen, ist unterschiedlich, dass im Marketing-/Medienbereich tätige Personen mit weniger emotionalen Veränderungen auf den Werbespot reagieren. So geht das Vertrauen nach Betrachten des Videos weniger zurück und die Angst steigt verhältnismäßig weniger an. Keine eindeutigen Veränderungen zeigen die Messungen hinsichtlich Markeneinstellung, -bindung und -vertrauen im Vorher-Nachher-Vergleich der Befragung.

Die Ergebnisse der hier durchgeführten Online-Befragung deuten darauf hin, dass sich Online-Kommunikationsmaßnahmen dafür eignen Veränderungen von Emotionen hervorzurufen.

Da es sich bei Emotionen allerdings um eine sehr umfangreiche und schwer messbare Thematik handelt, können an dieser Stelle keine allgemeingültigen Aussagen über die Wirkung von Online-Kommunikationsmaßnahmen auf Emotionen gemacht werden. Aufgrund der großen Bedeutung von Emotionen im Marketing bietet es sich allerdings an dieses Gebiet auch in Zukunft näher zu erforschen. In erster Linie sollten dabei die Messmethoden weiterentwickelt werden. Hauptkritikpunkt liegt hier in der oft genutzten subjektiven Messmethode, welche einen hohen Grad an Selbsteinschätzung der Befragten erfordert und deswegen zu verzerrten Ergebnissen führen kann.

Nichtsdestotrotz zeigen vorliegende Erkenntnisse Managern, dass das Internet eine gute Plattform bietet, um emotionale Erlebnisse zu vermitteln. Vor allem Bilder, Symbole und Geschichten sowie emotionale Botschaften in Videos sind hierfür geeignet. Konkreter heißt dies, dass die Online-Kommunikation stets unternehmenseigene Farben sowie das Markenzeichen beinhalten sollte und diese über alle Plattformen hinweg immer wieder kommuniziert werden sollten. Für eine noch stärkere emotionale Bindung der Konsumenten eignen sich zudem Markenstorys oder auch Botschaften in Videos, welche Aufmerksamkeit erregen. Kommunizierte Botschaften sollten dabei nicht oder nur gering vom Markenimage abweichen, müssen allerdings nicht nur positive Emotionen erregen. Entscheidender ist der Grad der emotionalen Einbindung und Aufmerksamkeitserregung. „Das Emotionssystem im Kopf eines jeden Menschen bestimmt den größten Teil unserer Handlungen, Reaktionen [...] und unsere Kaufentscheidungen. Wer es kennt und seine Kommunikation danach ausrichtet, lebt und verkauft besser" (*Bittner/Schwarz* 2010, S.78).

Literaturverzeichnis

Adjouri, N. (2014): Alles was Sie über Marken wissen müssen, Leitfaden für das erfolgreiche Management von Marken, 2. Aufl., Wiesbaden.

Avis, M. (2009): The problems of brand definition. University of Otago, ANZMAC.

Bacher, J. (2002): Statistisches Matching: Anwendungsmöglichkeiten, Verfahren und ihre praktische Umsetzung in SPSS, in: ZA-Information/ Zentralarchiv für Empirische Sozialforschung, 51, S. 38-66.

Bauer, H. H./Botzenhardt, A./Heinrich, D. (2012): Interaktion in Web-Communities als Erfolgsfaktor der Erlebniskommunikation, in: Bauer, H. H. et al. (Hrsg.): Erlebniskommunikation: Erfolgsfaktoren für die Marketingpraxis, Springer Verlag, Berlin Heidelberg, S. 135-150.

Bauer, H.H./Mäder, R./Fischer, C. (2003): Determinanten der Wirkung von Online-Markenkommunikation, in: Marketing ZFP, 25. Jg., Nr. 4, S. 227-241.

Beiersdorf (o.J.): Die NIVEA Familie, Eine Marke für alle, http://www.beiersdorf.de/marken/NIVEA, Stand: 10.11.2015.

Beiersdorf (2013): NIVEA knackt den Wasserball-Weltrekord an der Hamburger Alster, http://www.beiersdorf.de/presse/news/local/de /all-news/2013/09/2013-09-01-pm-NIVEA-knackt-den-wasserbal l-weltrekord, Stand: 28.09.2014.

Bender, G.(2011): Die Marketingrevolution in Zeiten von Web 2.0 – Herausforderungen und Chancen für ein neues beziehungsaktives Kundenmanagement, in: Walsh, G./Hass, B.H./Kilian, T. (Hrsg.): Web 2.0, Neue Perspektiven für Marketing und Medien, 2. Aufl., Berlin Heidelberg, S. 143-157.

Berekoven, L./Eckert, W./Ellenrieder, P. (2009): Marktforschung, Methodische Grundlagen und praktische Anwendung, 12. Aufl., Wiesbaden.

Bittner, G./Schwarz, E. (2010): Emotion Selling: Messbar mehr verkaufen durch neue Erkenntnisse der Neurokommunikation, Wiesbaden.

Bofinger, P. (2011): Grundzüge der Volkswirtschaftslehre: Eine Einführung in die Wissenschaft von Märkten, 3. Auflage, München.

Boldt, S. (2010): Markenführung der Zukunft: Experience Branding, 5-Sence-Branding, Responsible Branding, Brand Communities, Storytising und E-Branding, Hamburg.

Bottler, D. (2011): Virtuelle Erlebniswelten als Instrument der Markenkommunikation, in: Theobald, E./Haisch, P. T. (Hrsg.): Brand Evolution: Moderne Markenführung im digitalen Zeitalter, Wiesbaden, S. 235-250.

Brakus, J. J./Schmitt, B. H./Zarantonello, L. (2009): Brand Experience, What Is It? How Is It Measured? Does It Affect Loyalty?, in: Journal of Marketing, Vol. 73, May 2009, pp. 52–68.

Brandt, M. (2014): Facebook mit Abstand Nummer 1, http://de.statista.c om/infografik/907/top-10-der-sozialen-netzwerke-in-deutschland/, Stand: 07.04.2015.

Brandtner, M. (2012): Marken erfolgreich emotionalisieren: Mit den richtigen Emotionen Kunden gewinnen und binden, in: marke41, Nr.6, S. 36-41.

Bruhn, M. (2012): Marketing, Grundlagen für Studium und Praxis, 11. Aufl., Wiesbaden.

Bruhn, M./Köhler, R. (2010): Wie Marken wirken: Impulse aus der Neuroökonomie für die Markenführung, München.

Burmann, C./Blinda, L./Nitschke, A. (2003): Konzeptionelle Grundlagen des identitätsbasierten Markenmanagements, in: Burmann, C.

(Hrsg.): Arbeitspapier Nr. 1 des Lehrstuhls für innovatives Markenmanagement (LiM) der Universität Bremen – Fachbereich Wirtschaftswissenschaften, Bremen.

Burmann, C./Eilers, D./Hemmann, F. (2010): Bedeutung der Brand Experience für die Markenführung im Internet, in: Burmann, C. (Hrsg.): Arbeitspapier Nr. 46 des Lehrstuhls für innovatives Markenmanagement (LiM) der Universität Bremen – Fachbereich Wirtschaftswissenschaften, Bremen.

Burmann, C./Halaszovich, T./Hemmann, F. (2012): Identitätsbasierte Markenführung: Grundlagen – Strategie – Umsetzung – Controlling, Wiesbaden.

Burmann, C./Meffert, H./Feddersen, C. (2007): Identitätsbasierte Markenführung, in: Florack, A./Scarabis, M./Primosch, E. (Hrsg.): Psychologie der Markenführung, München, S. 3-30.

Burmann, C./Meffert, H./Koers, M. (2005): Stellenwert und Gegenstand des Markenmanagements, in: Meffert, H./Burmann, C./Koers, M. (Hrsg.): Markenmanagement – Identitätsorientierte Markenführung und praktische Umsetzung – mit Best Practice-Fallstudien, 2. Aufl., S. 3-17.

Burmann, C./Piehler, R. (2013): Employer Branding vs. Internal Branding: Ein Vorschlag zur Integration im Rahmen der identitätsbasierten Markenführung. Die Unternehmung, 67(3), S. 223-245.

Chandon, P. (2003): Note on measuring brand awareness, brand image, brand equity and brand value, in: Insead, pp.1-12.

Damasio, A. R. (1994): Descartes' Error; Emotion, Reason and the Human Brain, G. P. Putnam's Sons, New York.

Davidson, J./Liebald, B./Liu, J./Nandy, P./Van Vleet, T. (2010): The YouTube video recommendation system, in: Proceedings of the fourth ACM conference on Recommender systems, ACM, pp. 293-296.

Deari, H./Balla, E. (2013): Consumers trust in the global brands: empirical analysis in the context of consumer perspective, in: European Scientific Journal, 9(1), pp. 61-74.

Diehl, S. (2002): Erlebnisorientiertes Internetmarketing: Analyse, Konzeption und Umsetzung von Internetshops aus verhaltenswissenschaftlicher Perspektive, Deutscher Universitäts-Verlag, Wiesbaden.

Dieckmann, A./ Gröppel-Klein, A./ Hupp, O./ Broeckelmann, P./ Walter, K. (2008): Jenseits von verbalen Skalen: Emotionsmessung in der Werbewirkungsforschung, in: GfK (Hrsg.): Jahrbuch der Absatz- und Verbrauchsforschung, Nr.4/2008, Nürnberg, S. 319-348.

Diller, H. (1996): Kundenbindung als Marketingziel, in: Marketing ZFP, 18. Jg., Nr. 2, S. 81-94.

Dienstbier, F. (2007): Event-Marketing, Grundlagen, Erfolgsfaktoren, zukünftige Trends, VDM Verlag Dr. Müller, Saarbrücken.

DIM – Deutsches Institut für Marketing (2012): Social Media Marketing in Unternehmen 2012, http://www.marketinginstitut.biz/media/studie_dim_-_social_media_marketing_in_unternehmen_2012_12 1121.pdf, Stand: 07.04.2015.

Domizlaff, H. (2005): Die Gewinnung des öffentlichen Vertrauens: Ein Lehrbuch der Markentechnik, 7. Aufl., Marketing Journal, Gesellschaft für angewandtes Marketing, Hamburg.

Domma, P. (2011): Der Einfluss des Web 2.0 auf das Konsumentenverhalten im E-Commerce: Eine experimentelle verhaltenswissenschaftliche Untersuchung der Wirkung von Web 2.0-Instrumenten in Online-Shops, Hamburg.

DPMA – Deutsches Patent- und Markenamt (2015): Auszug aus der Jahresstatistik 2014 des Deutschen Patent- und Markenamts, http://presse.dpma.de/docs/pdf/pressemappen/aufeinen-blick_2015.pdf, Stand: 04.05.2015.

Ebster, C./Stalzer, L. (2013): Wissenschaftliches Arbeiten für Wirtschafts- und Sozialwissenschaften, 4. Aufl., Wien.

Eilers, D. (2014): Wirkung von Social Media auf Marken: eine ganzheitliche Abb. der Markenführung in Social Media, Wiesbaden.

Esch, F.-R. (2007): Geleitwort, in: Möll, T. (Hrsg.): Messung und Wirkung von Markenemotionen: Neuromarketing als neuer verhaltenswissenschaftlicher Ansatz, Wiesbaden, S. V-VI.

Esch, F.-R. (2010): Strategie und Technik der Markenführung, 6. Aufl., München.

Esch, F.-R./Möll, T. (2010): Wirkung von Markenemotionen: Neuromarketing als neuer verhaltenswissenschaftlicher Zugang, in: Bruhn, M./ Köhler, R. (Hrsg.): Wie Marken wirken: Impulse aus der Neuroökonomie für die Markenführung, München, S. 145-165.

Esch, F.-R./Roth, S./Kiss, G./Hardiman, M./Ullrich, S. (2005): Markenkommunikation im Internet, in: Esch, F.-R. (Hrsg.): Moderne Markenführung: Grundlagen – Innovative Ansätze – Praktische Umsetzungen, 4. Aufl., Wiesbaden, S. 673-706.

Esch, F.-R./Wicke, A./Rempel, J. E. (2005): Herausforderungen und Aufgaben des Markenmanagements, in: Esch, F.-R. (Hrsg.): Moderne Markenführung: Grundlagen – Innovative Ansätze – Praktische Umsetzungen, 4. Aufl., Wiesbaden, S. 3-55.

Facebook (o.J.a): NIVEA, Chronik, https://www.facebook.com/nivea deutschland?fref=ts, Stand: 12.12.2015.

Facebook (o.J.b): NIVEA Men, Chronik, https://www.facebook.com/ NIVEAmendeutschland/timeline, Stand: 12.12.2015.

Facebook Newsroom (o.J.): Company Info, Our Mission, Statistics http://de.newsroom.fb.com/company-info/, Stand: 12.12.2015.

Fährmann, R. (2006): Die historische Entwicklung der Werbesprache, Frankfurt am Main.

Faullant, R. (2007): Psychologische Determinanten der Kundenzufriedenheit: Der Einfluss von Emotionen und Persönlichkeit, Wiesbaden.

Fauser, S. G. (2010): Dienstleistungsmanagement 2.0: Wie Web-2.0-Instrumente helfen, das Dienstleistungsmanagement zu verbessern, Stuttgart.

Foscht, T./Swoboda, B. (2011): Käuferverhalten: Grundlagen – Perspektiven – Anwendungen, 4. Aufl., Wiesbaden.

Friedrich, M. (2012): Social Media Marketingerfolg, messen und analysieren, Weinheim.

Gobé, M. (2001): Emotional Branding: The new paradigm for connecting brands to people, New York.

Gordon, W. (2001): The darkroom of the mind: What does neuropsychology now tell us about brands?, in: Journal of Consumer Behaviour, Vol. 1, No. 3, pp. 280-292.

Gruber, G. (2008): Planungsprozess der Markenkommunikation in Web 2.0 und Social Media: Ziele – Strategieoptionen – Erfolgskontrolle, Saarbrücken.

Haas, S./Trump, T./Gerhards, M./Klingler, W. (2007): Web 2.0: Nutzung und Nutzertypen, in: Mediaperspektiven, 4, S. 215-222.

Häusel, H.-G. (2012a): Brain View, 3. Auflage, Haufe-Lexware, Freiburg.

Häusel, H.-G. (2012b): Inszenierung als emotionales Gesamtkunstwerk, Expodata 4'12, Verlagsgemeinschaft Expodata, St. Gallen, S. 10-13.

Häuser, A./Theobald, E. (2011): Die Website als zentrales Element der digitalen Markenführung, in: Theobald, E./ Haisch, P. T. (Hrsg.): Brand Evolution, Moderne Markenführung im digitalen Zeitalter, Wiesbaden, S. 217-234.

Haisch, P. T. (2011): Bedeutung und Relevanz der Onlinemedien in der Marketingkommunikation, in: Theobald, E./ Haisch, P. T. (Hrsg.): Brand Evolution: Moderne Markenführung im digitalen Zeitalter, Wiesbaden, S. 79-93.

Hartmann, D. (2011): Live Communication und Social Media – die perfekte Symbiose, in: Marketing Review St. Gallen, (2), S. 34-39.

Henseler, W. (2011): Social Media Branding. Markenbildung im Zeitalter von Web 2.0 und App-Computing, in: Theobald, E./Haisch, P. T. (Hrsg.): Brand Evolution: Moderne Markenführung im digitalen Zeitalter, Wiesbaden, S. 111-126.

Homburg, C./Giering, A. (1996): Konzeptualisierung und Operationalisierung komplexer Konstrukte: ein Leitfaden für die Marketingforschung, in: Marketing ZFP, 18. Jg., Nr. 1, S. 5-24.

Izard, C.E. (1981): Die Emotionen des Menschen: Eine Einführung in die Grundlagen der Emotionspsychologie, Weinheim und Basel.

Izard, C.E. (2007): Basic emotions, natural kinds, emotion schemas, and a new paradigm, in: Perspectives on psychological science, Vol. 2, No. 3, pp. 260-280.

Kallus, W. K. (2010): Erstellung von Fragebogen, Wien.

Keller, K. L. (1993): Conceptualizing, Measuring and Managing Customer-Based Brand Equity, in: Journal of Marketing, Vol. 57, No. 1, pp. 1-22.

Krause, J. (2013): Identitätsbasierte Markenführung im Investitionsgüterbereich: Management und Wirkungen von Marke-Kunde-Beziehungen, Springer Fachmedien, Wiesbaden.

Kreutzer, R. T. (2013): Praxisorientiertes Marketing: Grundlagen – Instrumente – Fallbeispiele, 4. Auflage, Springer Fachmedien, Wiesbaden.

Kreutzer, R. T./Merkle, W. (2008): Die neue Macht des Marketing: Wie Sie Ihr Unternehmen mit Emotion, Innovation und Präzision profilieren, Wiesbaden.

Kroeber-Riel, W. (1983): Wirkung von Bildern auf das Konsumentenverhalten: Neue Wege der Marketingforschung, in: Marketing ZFP, 5. Jg., Nr. 3, S. 153-160.

Kroeber-Riel, W. (1984): Zentrale Probleme auf gesättigten Märkten: Auswechselbare Produkte und auswechselbare Werbung und ihre

Überwindung durch erlebnisbetonte Marketingstrategien, in: Marketing ZFP, 6. Jg., Nr. 3, S. 210-214.

Kroeber-Riel, W./Weinberg, P./Gröppel-Klein, A. (2009): Konsumentenverhalten, 9. Aufl., München.

Ledoux, J. E. (1994): Emotion, Memory and the Brain, in: Scientific American, Vol. 270(6), pp. 50-57.

Ledoux, J. E. (1996): The Emotional Brain: The Mysterious Underpinnings of Emotional Life, Simon & Schuster, New York.

Lohs, R./Fauser, S. (2015): Priming paradigm: a neuroscientific effect influencing consumer behavior and advertising measures, the example of the automobile industry, in: Ramsoy, T.Z./Reimann, M./Schilke, O. (Hrsg.): 11th NeuroPsychoEconomics Conference, S. 37.

Macdonald, E./Sharp, B. (2003): Management perceptions of the importance of brand awareness as an indication of advertising effectiveness, in: Marketing Bulletin, 14(2), pp. 1-15.

Mangold, W. G./Faulds, D. J. (2009): Social media: The new hybrid element of the promotion mix, in: Business horizons, 52(4), pp. 357-365.

Mehrabian, A. (1996): Pleasure-arousal-dominance: A general framework for describing and measuring individual differences in temperament, in: Current Psychology, 14(4), pp. 261-292.

Meffert, H./Burmann, C./Kirchgeorg, M. (2008): Marketing: Grundlagen marktorientierter Unternehmensführung, Konzepte - Instrumente - Praxisbeispiele, 10. Auflage, Gabler Verlag, Wiesbaden.

Möll, T. (2007): Messung und Wirkung von Markenemotionen: Neuromarketing als neuer verhaltenswissenschaftlicher Ansatz, Wiesbaden.

Muniz, A. M./O'Guinn, T. C. (2001): Brand Community, in: Journal of Consumer Research, Vol. 27(4), pp. 412-432.

Munzinger, U./Musiol, K. G. (2008): Markenkommunikation: Wie Marken Zielgruppen erreichen und Begehren auslösen, München.

Musser, J./O'Reilly, T. (2006): Web 2.0 Principles and Best Practices, Sebastopol, California, USA.

NIVEA (o.J.a): NIVEA, http://www.NIVEA.de/, Stand: 12.12.2015.

NIVEA (o.J.b): NIVEA für mich, http://www.nivea.de/ext/de-DE/fuer mich/fuermich, Stand: 12.12.2015.

NIVEA (o.J.c): NIVEA für mich, Magazin, http://www.NIVEA.de/ext 11/de-DE/fuermich/magazin, Stand: 12.12.2015.

NIVEA (o.J.d): Der NIVEA Ball, Spass in der Sonne, https://www.niv ea.de/marke-unternehmen/markenhistorie-0247#1950-1984, Stand: 12.12.2015.

NIVEA (o.J.e): NIVEA Märchen, http://tales.nivea.com/de/, Stand: 12.12.2015.

NIVEA (o.J.f): NIVEA Lifestyle, https://www.nivea.de/shop/inspi ration/#user=1, Stand: 12.12.2015.

NIVEA (o.J.g): NIVEA Marke und Unternehmen, Markenhistorie, https://www.nivea.de/marke-unternehmen/markenhistorie-0247#1 950-1984, Stand: 12.12.2015.

NIVEA (o.J.h): NIVEA Marke und Unternehmen, Markenvideos, https://www.nivea.de/marke-unternehmen/markenvideos-0246, Stand: 12.12.2015.

Pathak V./Bathia, M.S./Sriniwas, J./Batra, D. (2011): Emotions and Mood, in: Delhi Psychiatry Journal, 14(2), pp. 220-228.

Plutchik, R. (1982): A psychoevolutionary theory of emotions, in: Social Science information, 21, 4/5, pp. 529-553.

Plutchik, R. (2009): Emotions: A General Psychoevolutionary Theory, in: Scherer, K. R./Ekman, P. (Hrsg.): Approaches to Emotion, in: Psychology Press, New York, pp. 197-220.

Reader's Digest (2014): The Brands You Trust, Reader's Digest European Trusted Brands Survey 2015, http://www.rdtrustedbrands.com/, Stand: 10.11.2015.

Rothermund, K./Eder, A. (2011): Allgemeine Psychologie: Motivation und Emotion, Wiesbaden.

Scheier, C. (2008): Neuromarketing: Über den Mehrwert der Hirnforschung für das Marketing, in: Kreutzer, R. T./ Merkle, W. (Hrsg.): Die neue Macht des Marketing: Wie Sie Ihr Unternehmen mit Emotion, Innovation und Präzision profilieren, Gabler Verlag, Wiesbaden, S. 305-324.

Scheier, C./Held, D. (2010): Praktische Erfahrungen mit neuroökonomischen Erkenntnissen und Methoden, in: Bruhn, M./Köhler, R. (Hrsg.): Wie Marken wirken: Impulse aus der Neuroökonomie für die Markenführung, Verlag Franz Vahlen, München, S. 199-214.

Scheier, C./Held, D. (2012a): Was Marken erfolgreich macht: Neuropsychologie in der Markenführung, 3. Aufl., Freiburg.

Scheier, C./Held, D. (2012b): Wie Werbung wirkt: Erkenntnisse des Neuromarketing, 2. Aufl., Freiburg.

Scherer, K. R. (2005): What are emotions? And how can they be measured?. Social science information, *44*(4), pp. 695-729.

Schweiger, G./Schrattenecker, G. (2014): Online-Werbung für Einsteiger: Marketing konkret, Konstanz.

Sigg, B. (2009): Emotionen im Marketing: Neuroökonomische Erkenntnisse, Bern-Stuttgart-Wien.

Simon, C./Brexendorf, T. O./Fassnacht, M. (2013): Creating Online Brand Experience on Facebook, in: Marketing Review St. Gallen, (6), pp. 50-59.

Sokolowski, K. (2002): Kapitel 2c: Emotion, in: Müsseler, J./Prinz, W. (Hrsg.): Allgemeine Psychologie, Heidelberg, S. 337-384.

Stürmer, R./Schmidt, J. (2014): Erfolgreiches Marketing durch Emotionsforschung: Messung, Analyse, Best Practice, Freiburg.

Thyri, H. (2003): Relevante Emotionen im Marketing, Wien.

Trommsdorff, V./Teichert, T. (2011): Konsumentenverhalten, 8. Aufl., Stuttgart.

Van der Pütten, D. (2005): „Kauf mich, und Du wirst glücklich!" Emotionen in der Werbung, in: Schmidt, S. J. (Hrsg.): Medien und Emotionen, Münster, S. 283-307.

Wagner, P./Hering, L. (2014): Online-Befragung, in: Baur, N./ Blasius, J. (Hrsg.): Handbuch Methoden der empirischen Sozialforschung, Wiesbaden.

Wala, H. H. (2013): Meine Marke, Was Unternehmen authentisch, unverwechselbar und langfristig erfolgreich macht, 5. Aufl., München.

Walsh, G./Deseniss, A./Kilian, T. (2013): Marketing: Eine Einführung auf der Grundlage von Case Studies, 2. Aufl., Berlin Heidelberg.

Weinberg, P./Diehl, S. (2005): Erlebniswelten für Marken, in: Esch, Franz-Rudolf (Hrsg.): Moderne Markenführung: Grundlagen – Innovative Ansätze – Praktische Umsetzungen, 4. Aufl., München, S. 263-286.

Weinberg, P./Nickel, O. (2007): Grundlagen für die Erlebniswirkung von Marketingevents, in: Nickel, O. (Hrsg.): Eventmarketing: Grundlagen und Erfolgsbeispiele, 2. Auflage, Verlag Franz Vahlen, München, S. 37-50.

Werner, B. (2012a): Das war der Neuromarketing-Kongress 2012, Media-Experience: Wie Medien wirklich wirken, https://comrecon.w ordpress.com/2012/05/03/das-war-der-neuromarketing-kongress-2 012/, Stand: 03.05.2015.

Werner, B. (2012b): Media Experience, Wie Medien wirklich wirken, http://www.nymphenburg.de/tl_files/pdf/VotraegeNeuromarketingK ongress2012/Neuromarketingkongress%202012%20BW%20Wie%2 0Medien%20wirken%20120424handout.pdf, Stand: 03.05.2015.

Winder, T. (2006): Emotionen im Marketingkontext, in: Bosch, C./Schiel, S./Winder, T. (Hrsg.): Emotionen im Marketing: Verstehen – Messen – Nutzen, Wiesbaden.

Wood, L. (2000): Brands and brand equity: definition and management. in: Management Decision, Vol. 38(9), pp. 662-669.

YouTube (O.J.A): NIVEA Deutschland, Playlists, http://www.YouTub e.com/user/NIVEADeutschland/playlists, Stand: 12.12.2015.

YouTube (o.J.b): NIVEA Deo: Stresstest, https://www.youtube.com/ watch?v=_gWk_yKtEdo&index=4&list=PL589EAACC9D52532 5, Stand: 12.12.2015.

Zerfass, A./Sandhu, S. (2008): Interaktive Kommunikation, Social Web und Open Innovation: Herausforderungen und Wirkungen im Unternehmenskontext, in: Zerfaß A./Welker, M./Schmidt, J. (Hrsg.): Kommunikation, Partizipation und Wirkungen im Social Web: Strategien und Anwendungen: Perspektiven für Wirtschaft, Politik und Publizistik, Köln.

Anhang

Psychische Determinante	Erklärung
Aktivierung	Die Aktivierung versetzt den Organismus in Leistungsfähigkeit und kann als die Grunddimension der Antriebsprozesse gesehen werden.
Involvement	Involvement bezeichnet das innere Engagement sich mit einem Sachverhalt oder einer Aufgabe auseinander zu setzen.
Emotion	„Emotionen sind objektgerichtete, unwillkürlich ausgelöste affektive Reaktionen, die mit zeitlich befristeten Veränderungen des Erlebens und Verhaltens einhergehen." (Rothermund/ Eder 2011, S.166)
Motivation	Eine Motivation ist zielgerichtet und kann als verhaltenswirksames Pendant zum Motiv gesehen werden. Motive entstehen durch Mangelzustände (Bedürfnisse). Das Ziel ist es also diese zu beseitigen.
Wahrnehmung	Die Wahrnehmung ist ein Prozess der Informationsverarbeitung. Umweltreize und innere Signale werden entschlüsselt und zu einem inneren Bild von sich selbst und der Umwelt verarbeitet.
Lernen/ Denken	Lernen und Denken sind Vorgänge der Informationsspeicherung die sich auf kognitive Veränderungen beziehen.
Einstellung	Die Einstellung ist eine relativ dauerhafte Haltung gegenüber Objekten, Personen oder Situationen. Einstellungen resultieren aus Erfahrungen und können sich im kognitiven (Annahmen), affektiven (Emotionen) und behavioralen (Verhaltensweisen) Bereich ausdrücken.
Werte	Werte verkörpern die Vorstellungen von Wünscheswertem und bilden die Basisdimensionen für Motive und Einstellungen.
Persönlichkeit	Die Persönlichkeit umfasst psychische und beobachtbare Verhaltensmuster eines Individuums. Sie ist sowohl genetisch als auch sozial bedingt.

Tab. 10: Psychische Determinanten und ihre Bedeutung (Quelle: Diller 1996, S. 83; Foscht/Swoboda 2011, S. 38 ff.; Kroeber-Riel/Weinberg/Gröppel-Klein 2009, S. 168 ff.; Sigg 2009, S. 26; Stürmer/Schmidt 2014, S. 46)

Abb. 15: NIVEA Homepage (Quelle: NIVEA o.J.a, Stand: 28.09.2014)

Abb. 16: NIVEA Märchen (Quelle: NIVEA o.J.e, Stand: 12.12.2015)

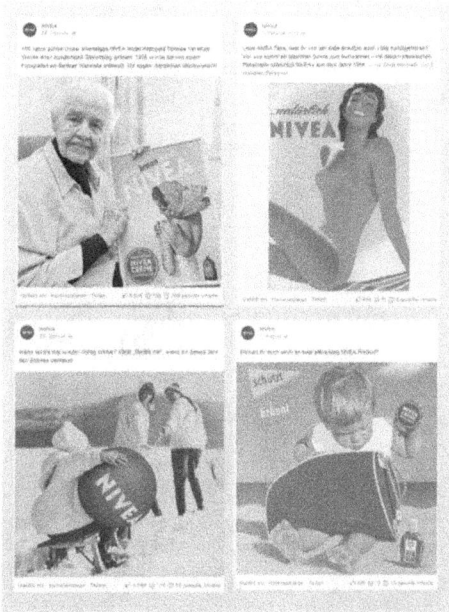

Abb. 17: NIVEA Facebook Posts, A (Quelle: Facebook o.J.a)

Abb. 18: NIVEA Facebook Posts, B (Quelle: Facebook o.J.a)

Abb. 19: NIVEA Facebook Posts, C (Quelle: Facebook o.J.a)

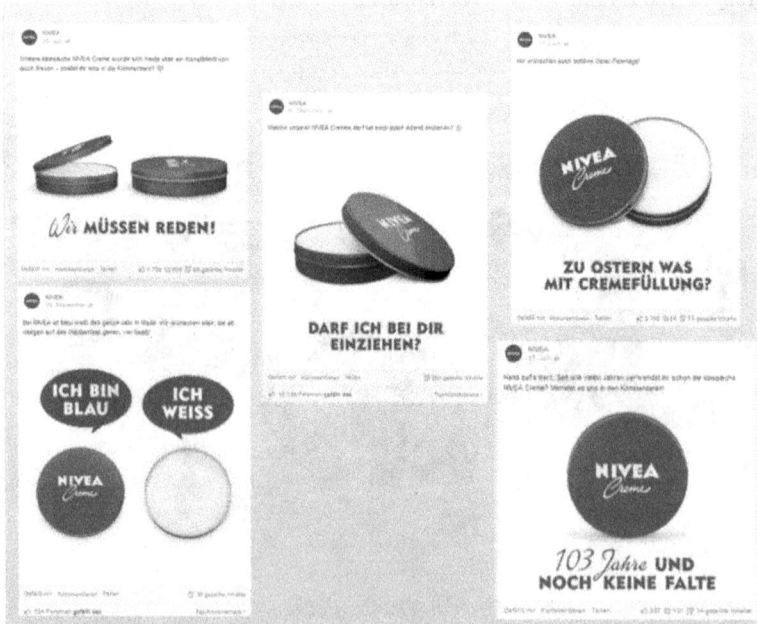

Abb. 20: NIVEA Facebook Posts, D (Quelle: Facebook o.J.a)

Abb. 21: NIVEA Facebook Posts, E (Quelle: Facebook o.J.a)

Abb. 22: NIVEA Facebook Posts, F (Quelle: Facebook o.J.a)

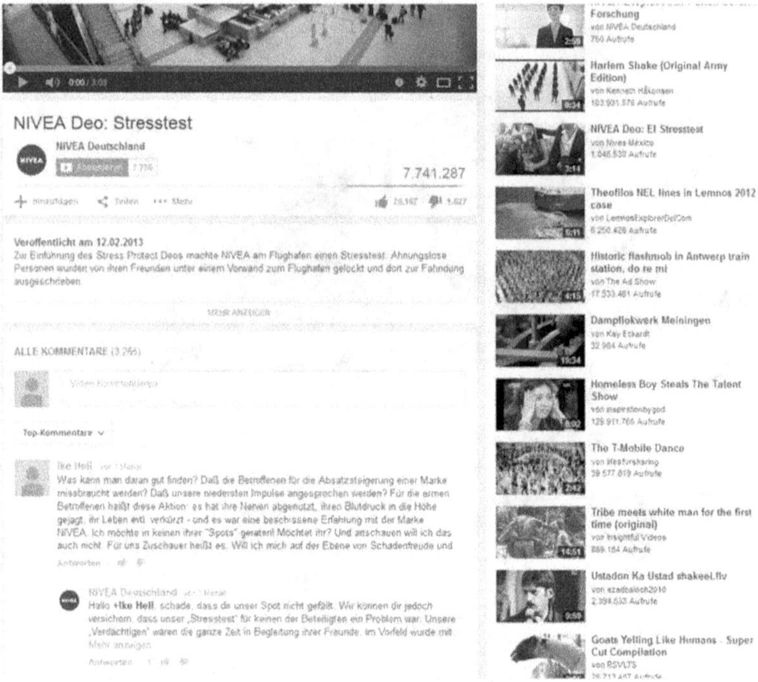

Abb. 23: NIVEA Facebook Posts, G (Quelle: Facebook o.J.b)

ibidem-Verlag

Melchiorstr. 15

D-70439 Stuttgart

info@ibidem-verlag.de

www.ibidem-verlag.de
www.ibidem.eu
www.edition-noema.de
www.autorenbetreuung.de